中国航空工业史丛书·人物

中国航空工业人物传·领导篇

中国航空工业史编修办公室　编

航空工业出版社
北　京

内 容 提 要

本书介绍了中国航空工业集团公司（含重工业部、第二机械工业部、第一机械工业部、第三机械工业部、航空工业部、航空航天工业部、航空工业总公司）经中央任命担任并主持航空工业工作的部（副部）长、总（副总）经理、党组成员和在中国航空工业第一、第二集团公司担任过总经理职务的领导干部（共计44名）的生平、工作业绩和突出贡献。真实地记录了他们为中国航空工业发展而呕心沥血、殚精竭虑，有的甚至献出生命的光辉历程，他们是"航空报国"精神的开创者和传承者。

本书内容翔实、生动，实为记录航空系统领导干部的全面生动的教材。适合广大航空工业从业人员及关注中国航空工业发展的相关人员阅读。

图书在版编目（CIP）数据

中国航空工业人物传. 领导篇／中国航空工业史编修办公室编. ——北京：航空工业出版社，2011.4
（2019.1重印）
ISBN 978-7-80243-723-4

Ⅰ.①中… Ⅱ.①中… Ⅲ.①航空航天工业—人物—列传—中国②航空航天工业—领导人员—列传—中国 Ⅳ.①K826.1

中国版本图书馆CIP数据核字（2011）第043813号

中国航空工业人物传·领导篇
Zhongguo Hangkong Gongye Renwu Zhuan·Lingdao Pian

航空工业出版社出版发行
（北京市朝阳区北苑2号院　100012）
发行部电话：010-84936597　010-84936343
三河市金轩印务有限公司印刷　　全国各地新华书店经销
2011年4月第1版　　　　　　　　2019年1月第2次印刷
开本：787×1092　1/16　　印张：12.75　　字数：253千字
印数：4001—4500　　　　　　　　　　　　　定价：52.00元

总　　序

1951年国家做出了《关于航空工业建设的决定》，新中国航空工业走过了整整60年的发展历程。

自1910年清政府在北京南苑设厂试造飞机到1949年新中国成立前，中国的航空工业整整40年没有建立起可称为独立产业的工业门类，基本限于简单的修理和机体制造，在国家的贫弱与动荡中艰难苟延。

建立一个完整强大并能与发达国家比肩的航空工业，一直是中国近代无数仁人志士、黎民百姓的呼号与夙愿。新中国成立不久，在抗美援朝的连天烽火与神州大地的百废待兴中，国家即决定建设和发展民族航空工业，并为此集中全国的优势力量支持。60年的历程，中国航空工业大体经历了4个阶段：从20世纪50年代到60年代前期的初创与快速发展时期；从60年代后期到70年代的波折与缓慢发展时期；从80年代到20世纪末的恢复与振兴发展时期；21世纪前10年的崛起与跨越式发展时期。

2008年，中国航空工业集团公司重组整合不久即做出决定，在20世纪80年代航空工业部组织撰修新中国航空工业史的基础上，全面续修中国航空工业史。这个具有历史性、前瞻性的决定，开启了大规模续修中国航空工业史的序幕。

面对这项历史性工程，林左鸣总经理强调这是航空工业的要事、盛举，要做到"无出其右"！在高建设副总经理的领导下，一批长期在航空工业工作、具有较强写作能力的同志参与了撰写。

这次续修中国航空工业史，是中国航空工业史上一项浩繁的史料收集整理工程、重大的文字工程和系统的文化工程，其规模将远远超过上一次的修史。作为一套系列丛书，总编撰与出版量将达百余部书籍，约千万字的容量。

这套丛书本着"尊重历史、史从实出、存真弃虚、功过俱修"的原则，力争留下经得起当代人推敲与后人检验的专史与信史。丛书将分为6个系列。

一、总史部分：将在上次撰修1949—1988年史的基础上，续修其后20多年行业史，包括航空航天工业部（1988—1993年航空部分），航空工业总公司（1993—1999年），中国航空工业第一集团公司、中国航空工业第二集团公司（1999—2008年，分修）的行业史。为完整反映中国航空工业发展历程，对从1910年中国航空工业萌芽时期起到1949年这一段的中国航空工业史补充编修。

与此同时，分别撰修这几个历史阶段的大事记和总纂中国航空工业60年大事记。

二、专业史部分：在上次撰修部分专业史的基础上，续修航空工业各专业史，补修上次尚未撰修的一些专业史。

三、专题史部分：全面撰修以各历史时期航空重点型号为主要内容的专题史。

四、企事业单位史部分：在上次组织撰修部分企事业单位史的基础上，续修后20多年史，同时组织上次未修史的单位进行补修。

五、人物部分：作为修史工程的一项重要内容，续修航空工业人物传。

六、史话部分：为便于社会各界人士更好地了解航空工业，有选择性地编撰一系列通俗读物，如《中国航空工业老照片》、《百年航空史话》、《航空工业史料与回忆录》等书籍。

以上6个部分既各有侧重，独立成书，从不同方面反映航空工业的发展历程，同时又互相衔接，互为印证，形成《中国航空工业史丛书》。

编修航空工业历史中所揭示出的规律和规律性认识，可以使我们看到中国航空工业前进的身影，听到它"咚咚"作响的脚步声，更会使我们善用前人留下的财富，增长推动新发展的智慧。当然，在更新的历史环境与更重大的历史使命下，我们也不可能从既往的历史中找到全部答案，这就需要我们奋力去进行新的开拓，在建设航空强国的征途中去创造新的历史。

中国航空工业史编修领导小组
2011年4月

目　　录

何长工 ·· 1
赵尔陆 ·· 7
薛少卿 ·· 13
孙志远 ·· 17
刘　鼎 ·· 23
吴融锋 ·· 27
段子俊 ·· 30
王振乾 ·· 35
李明实 ·· 39
冯安国 ·· 43
李际泰 ·· 47
吴继周 ·· 51
李兆翔 ·· 55
吕　东 ·· 59
朱涤新 ·· 65
肖友明 ·· 68
张良诚 ·· 71
陈少中 ·· 74
王其恭 ·· 78
徐昌裕 ·· 82
油　江 ·· 86
崔光炜 ·· 90

于　辉	94
耿　涛	98
赵健民	102
王晓光	106
吴　瑕	110
姜燮生	114
何文治	118
莫文祥	122
高镇宁	128
王　昂	132
刘积斌	136
朱立民	141
郭允中	144
林宗棠	148
王景茂	154
朱育理	158
王秦平	164
袁立本	168
关　敦	172
刘高倬	176
张彦仲	183
张洪飚	189
后　记	195

何长工

何长工（1900.12—1987.12），湖南华容人，原重工业部副部长、代部长并兼任航空工业局局长。1919年赴法国勤工俭学，1922年在法国加入旅欧中国少年共产党，同年转为中国共产党党员。1924年回国后在湖南南县、华容县从事学生运动，曾任新华中学校长、校中共党委书记，华容县农民自卫军总指挥等。1927年9月参加秋收起义，先后任工农革命军第一师二团党代表、红四军32团党代表兼中共宁冈中心县委书记、农民自卫军总指挥；1929年红四军主力离开井冈山后，曾率赤卫军等坚持井冈山斗争，后任红五军五纵队党代表；1930年后任红八军军长，红一方面军总前委委员，中国工农红军学校校长，红五军团13军政委，红军大学校长兼政委；1934年被选为中华苏维埃共和国中央执行委员。何长工参加了中央革命根据地反"围剿"，长征初期任军委纵队第二梯队司令员兼政委，"遵义会议"后任红九军团政委。抗日战争时期，历任两延（延长、延川）河防司令员兼政委，抗日军政大学一分校校长兼政委、总校教育长、副校长等职。解放战争初期，任东北军政大学代校长；1947年起任东北军区军工部部长。新中国成立后，曾任重工业部副部长、代部长并兼任航空工业局局长，地质部副部长、党组书记；1975年10月任军政大学副校长；1977年12月任军事学院副院长。1980年后当选第五届全国政协副主席和中顾委常委。1987年12月因病在北京逝世。

土地革命初期，何长工积极投入创建井冈山革命根据地的斗争。1927年，经组织安排，他到了当时党中央所在地武汉。为了隐蔽身份，毛泽东同志亲自将他的名字何坤改为何长工，派他到武汉国民政府警卫团工作。不久，他参加了著名的秋收起义，并由他设计了中国工农革命军的第一面军旗。为了开辟井冈山革命根据地，毛泽东同志委派他到农民武装王佐部执行团结改造任务，使之正式改编为工农革命军第32团，他任党代表。接着，何长工奉命率领这支队南下，策应、迎接朱德、陈毅同志率领的南昌起义余部和湘南暴动农民军。朱德、毛泽东两支红军会师于宁冈砻市，他参与主持了两军会师和红四军成立大会，并担任红四军28团党代表。1930年反动军阀残忍地杀害了他妻子儿女等一家30余口人，何长工为革命根据地的创建和发展做出了重大牺牲。

新中国成立后，何长工于1949年10月任重工业部副部长、代部长。他坚决执行中央关于发展我国工业生产指示，重点抓了航空、钢铁、造船、电机和动力等重工业的建设，为我国重工业和航空工业的发展奠定了基础。

何长工在主持重工业部工作期间，投入很大精力创建新中国的航空工业。他认为发展航空工业离不开钢铁工业、有色金属工业、仪器仪表工业及制造工业的支持，同时航空工业的发展也可以带动其他工业的发展。因此，在组建重工业部的同时，就把航空工业和其他工业纳入重工业的整体规划之中。

发展新中国的航空工业，他提出技术上争取苏联援助，资金则尽可能地"挤"。这个想法得到了毛泽东主席、周恩来总理和其他党中央领导人的支持。1950年12月，周总理连续召开会议，研究中国航空工业的建设问题。会议确定了中国航空工业的建设方针——先修理后制造，再发展到自行设计。要与苏联谈判，争取他们帮助我们建设新中国的航空工业。

1951年1月1日，遵照周总理的指示，以何长工为团长，段子俊、沈鸿为团员的代表团启程赴苏联，就争取帮助中国建设航空工业与苏联进行谈判。苏方组成了以苏共政治局委员、外交部部长维辛斯基为首的7人代表团进行谈判。中苏代表团在莫斯科进行了18天的艰苦谈判，于2月19日在3个主要问题上达成协议：一是关于中国建立航空工业的方针问题。中国的方针就是周总理提出的"先修理后制造"。苏方对这个方针不很理解，他们提出，中国不需要搞航空制造业，需要飞机及器材，向苏联订货就行了。何长工等一再说明我国建设方针的正确性和必要性，最后使苏方同意了中方的主张，并决定待双方协定正式签订后苏联即派8名顾问、100名专家来华帮助建设。二是关于修理的规模。双方议定，修理规模为年修500架飞机，2000台发动机；建设规模为年修3000台发动机、600架飞机，先改扩建6个工厂。何长工等提出请苏联派修理列车来华，苏方同意这一要求。三是援助中国的工厂在哪里设计。苏方提出在莫斯科设计，然后把图样送到中国施工。何长工等坚持的观点是：在哪国施工理应在哪国设计，紧密结合该国实际。何长工据理力争，使苏方同意了中方的要求。最后议定苏联派20名专家到中国进行设计。

谈判结束回国后，何长工立即投入了紧张的工作，集中精力抓航空工业筹建。1951年4月17日，中央人民政府革命军事委员会和政务院颁发了《关于航空工业建设的决定》，宣布成立航空工业管理委员会，聂荣臻为主任，李富春为副主任，刘亚楼、何长工、段子俊、马文为委员。4月18日，重工业部航空工业局成立，地点设在沈阳市民生路上。7月16日，政务院任命何长工兼任航空工业局局长。10月30日，中苏两国政府正式签订了《关于苏维埃社会主义共和国联盟给予中华人民共和国在组织修理飞机、发动机和组织飞机维修厂方面技术援助的协定》。这个协定包括援建6个修理厂及所需的技术资料、设备、工具、材料和配套件等，以及派遣专家、顾问等。不久，苏联派来了设计人员和专家，送来了设计器材、资料，并开来了修理列车。

航空工业局成立以后，在组织修理前线急需飞机的同时，何长工和航空工业其他领导积极进行调查研究，提出了从修理过渡到制造的实施目标和具体方案。1951年12月，经过周总理亲自主持会议研究确定，航空工业开始执行3～5年内试制成功苏联雅克-18初级教练机和米格-15比斯喷气式歼击机，并投入成批生产的计划。1952年春夏之际，周恩来、陈云、聂荣臻、李富春等中央领导人又多次召开会议，进一步研究航空工业建设的部署问题。李富春强调，要积极创造从修理过渡到制造必须具备的几个条件。陈云指出，飞机工厂严格地说就是精密机器的制造厂。由落后到先进，由简单到复杂，才合乎客观规律，急躁是不行的。他还特别强调，把航空工业建设放在优先地位，不会犯原则性错误。1952年5月，由聂荣臻主持的中央军委会议做出了《关于航空工业建设的决议案》，对创建时期的主要工作进行了部署。7月，周总理对航空工业一年多来的工作情况进行检查，重申了航空工业的发展方针、原则和基本建设规划，并进一步做出轻型轰炸机工厂建设的安排。8月，为了加强对国防工业和航空工业的领导，中共中央、中央人民政府决定成立第二机械工业部（即国防工业部），任命赵尔陆为部长兼航空工业局局长，同时任命王西萍为航空工业局第一副局长、分党组书记。这一系列的重大决策和精心筹划，构成了航空工业第一个五年计划的建设大纲，揭开了航空工业由修理走向制造的序幕。

何长工和航空工业局的其他领导认为，修理和制造在技术与管理上是两个不同的层次。前者是按照大修、中修、小修的不同规定和要求，进行例行修理，并有针对性地解决飞机（包括发动机和机载设备）存在的故障和问题，只有大修才在专门的修理工厂进行，不同的飞机有不同的问题，一般都是单机进行。后者则是按照定型的技术图样、资料、设备、工具，严密组织多工种的工人和专业技术人员，从零件、组合件

何长工在北京航空学院30年校庆上讲话

的制造直到装配、试验,协调地进行优质成批生产。从低层次的修理过渡到高层次的制造,对航空工业来说是一次质的飞跃。只有进行大规模的基本建设,把原有的修理厂改扩建为制造厂,并按配套要求,增建若干新的制造厂,才能适应这一发展的需要。所以一切工作的安排都要按照这一规律去办。

整个建设是按照确保飞机制造的进度、尽快发挥投资效果的要求,分梯次展开的。所有接受和转到航空工业来的企业及新建的企业,都要逐步达到技术先进、设备精良,成为当时国内高级精密的机械加工企业。其投资和建设难度都比较大,因此国家特别给予重视。从中央到地方,各级领导重视与支持,是航空工业建设顺利进行的根本保证,何长工等部局领导在航空工业创建初期就为今后中国航空工业发展打下了扎实的基础。

这批骨干企业在建设中,充分利用多数厂址坐落在大、中城市,地质、水文情况清楚,交通运输便利,以及生产产品对象明确,并有定型的图样技术资料等有利条件,果断地采用一边设计、一边建设、一边生产的做法。厂房建成一部分,就验收一部分,使用一部分。设备也是一面安装、一面验收、一面投入生产。差不多所有大型厂房,都是土建、安装和生产交错进行。施工队伍和工厂的领导干部、技术人员、工人紧密协同,日夜奋战。加以当时又实行以老带新、老厂包建新厂的办法,有效地缩短了建设周期,提高了投资效果,迅速形成生产能力。

不只是主机工厂如此，一些机载设备厂的建设也都得益于这种做法。沈阳航空仪表厂、宝鸡航空仪表厂和陕西兴平航空电器厂、西安飞机附件厂等，都是从沈阳、天津、太原、新乡等老的工厂中孕育、分离出来的。这对于缓解当时机载设备落后于飞机、发动机的突出矛盾，起了重要作用。

此外，聘请苏联专家到中国帮助航空工厂设计和施工，也是第一批航空工厂得以迅速建成的重要因素。采取这种做法，比之先在苏联进行图样设计然后拿到中国施工有许多优越性：大大减少了现场勘察、资料收集和图样设计的往返周转时间，有利于分批发出设计文件，设计与施工交叉进行，以及深入现场解决问题，从而使建设工期一般缩短一年以上。更重要的是，这样做，有利于中方配备相关技术人员向苏联专家"跟班"学习，迅速掌握设计和施工技术。到"一五"末期，中国航空工业基本建设设计队伍就初步具备了独立工作能力。从1958年1月起，设计工作即由原来的苏联专家负责制改变为苏联专家顾问制了。

1951年，遵照周总理关于"在设计修理厂时，就要考虑到日后转变为制造厂的安排和部署"的指示，何长工和段子俊等通过调研，采纳了苏联专家的建议，拟定出航空工业建设计划的初步意见，于同年8月上报中央军委。朱德总司令批示："即照计划执行。"与此同时，聂荣臻、李富春写报告给毛主席并中央书记处，提出了航空工业的建设方针、生产规模及厂址选定等原则。此报告经刘少奇、周恩来、陈云核准，毛主席于8月21日批示"照办"。随之，航空工业局展开了紧张的工厂调整和改造建设工作。到1952年，航空工厂已调整为13家，初步组建基本建设设计院一所，学校12所，职工增加到3万余人，金属切削机床增加到2000多台，厂房面积扩大到16万米^2，6个重点工厂都已具有新型大修理厂的规模。新中国的航空工业从此起步。

在航空工业起步之时，人才的培养成了发展的关键，何长工与航空工业局领导一方面调入一大批懂技术、会管理的干部和技术工人，一方面大力兴办航空院校。为了配备和加强航空工业的领导力量，国家还从全国各条战线调集精兵强将。大批经过战争锻炼和革命考验的领导干部，从四面八方汇集到航空工业部门。早在1951年1月，中国赴苏谈判援建航空工业的代表团出发后的第二天，周总理即电告中共中央东北局，拟调大连建新公司（军工企业）的主要负责人和管理工作骨干，着手组建航空工业局机关。1952年第二机械工业部（简称二机部）成立后，由王西萍、段子俊、王弼、油江、范铭、陈一民、徐昌裕、陈少中、方致远和李兆翔等组成的航空工业局的领导班子，就是从建新公司、中南军区以及空军等单位选调来的。这个班子，肩负着航空工业由修理过渡到制造的重任，为新中国航空工业的发展奠定了基础。对于技术工人的调集，国家也十分关切。周总理曾亲自交待政务院财政经济委员会副主任李富春，从兵器工业局及汽车装配厂抽调2500名技术工人支援航空工业。1952年3月，政务院又专门指令，从铁道、交通、电信部门，东北、华北、华东、西南地区，以及天津市，抽调1000多名技术工人到航空工业，而且要求劳动模范占2%，他们大多是政治觉悟高、吃苦耐劳、技艺高超的能工巧匠。

1952年，何长工调地质部任副部长、党组书记，同李四光部长一起开创和长期从事我国地质事业。"文化大革命"后恢复工作，任中国人民解放军军政大学副校长、军事学院副院长，为推动我军革命化、现代化、正规化建设付出了心血。

何长工是全国政协第一、第二届委员，第三、第四届常务委员，第五届全国政协副主席；第二届全国人大代表；中共第七、第八次全国代表大会代表，第十三次全国代表大会特邀代表，中共中央顾问委员会委员、常委。1987年12月因病在北京逝世。

赵尔陆

赵尔陆（1905.6—1967.2），山西崞县人，原第二机械工业部部长、党组书记兼航空工业局局长。1926年参加西北革命同志同盟会；1927年参加南昌起义，同年加入中国共产党。土地革命战争时期，任中国工农红军第四军28团特务连党代表，中央苏区红一纵队教导队党代表，第二支队支队长，红四军第29团团长，红四军军需处处长，红一军团供给部部长，前敌指挥部供给部部长。参加了举世闻名的二万五千里长征。抗日战争时期，任八路军总供给部部长、晋察冀军区第二军分区司令员兼政委，晋冀军区司令员。解放战争时期，任晋冀纵队司令员兼政委，北平军调处执行部驻张家口第五小组中共代表，晋察冀军区参谋长，华北军区参谋长，第四野战军第二参谋长。新中国成立后，任中南军区第二参谋长，第二机械工业部部长、党组书记兼航空工业局局长，第一机械工业部部长，国家经委副主任，中央军委国防工业委员会副主任，国务院国防工业办公室常务副主任兼国防工业政治部主任。1955年被授予上将军衔。1967年2月因病逝世。

赵尔陆是我军早期从事后勤工作的领导人之一。不论是土地革命时期、抗日战争时期，还是解放战争时期，赵尔陆身经百战，战功卓著，为新中国的建立立下了汗马功劳。

1952年，中央成立第二机械工业部（即国防工业部），赵尔陆被任命为部长、党组书记，并兼任航空工业局局长。任职伊始，他首先抓了统一规则，按照制式武器的品种和技术要求，制定老厂改造和新厂建设方案。在工作中，他一方面狠抓老厂的调整和技术改造，同时，集中力量抓新建的飞机、电子、坦克、重型火炮等骨干工厂的建设。他特别强调要把重点放在最薄弱的航空和电子两个新兴工业上，指出"其他工业如果是正步走，航空工业就应跑步走，电子工业就应更快地跑步走。"为了加快航空工业的发展速度，他提出起点要高，由修理过渡到制造，逐步掌握技术。他经常深入基层调查研究，就地解决问题。经过国防工业部门广大职工的努力，只用了两年左右的时间，就完成了老厂的技术改进，仿制出初级教练机——初教5等一批新型武器装备，并投入成批生产。同时，也只用了三五年时间，建成了一批大型骨干工厂，仿制成功了喷气式歼击机、坦克、重型火炮、雷达、指挥仪等新型武器装备。1959年国庆10周年举行盛大阅兵典礼时，受阅部队全部用上了国产的制式武器装备。从此，我军的武器装备走上了立足于国内制造的新阶段。

赵尔陆十分重视开展国防工业的科学研究工作和技术力量的培养。他多次讲，发展武器装备仅靠仿制不行，要下决心组织起自己的科学技术队伍，建立起国防工业的科学研究机构和产品设计机构，能够独立地进行军工产品设计、工艺设计和工厂设计。当第一代制式武器定型后，他就积极地、有重点地筹建航空工艺、特种材料、电真空、光学等专业科研机构。同时，广泛地调动工厂的技术力量和试制条件，通过仿制和改型设计，提高技术水平，逐步扩大建立产品设计机构。他一贯主张科研设计要与生产实践结合起来，把科研机构与大专院校、部队和工厂拧成一股绳，同心协力发展应用研究和新产品设计工作。这样，在短短几年内，就建立起了一批专业研究所和产品设计所，包括北京航空材料研究所、北京航空工艺研究所、沈阳飞机制造厂飞机设计室、沈阳航空发动机厂发动机设计室，很快出了新成果。建设初期，整个国防工业技术人员不到千人，赵尔陆积极主张在充分发挥现有技术人员作用的同时，下大力气培养新的技术人才。在他主持下，全国新建和扩建了一批国防工业高等院校、中等专业学校；高等院校开设干部班，轮训各级领导干部，还选拔了一批青年到国外留学，迅速培养了大批专业人才。

赵尔陆十分重视"军民结合，平战结合"。从1954年开始，就着手研究国外的经验，探讨我国军工企业生产民品的路子，了解民用工业在战时转产军事装备的可能性。1956年初，赵尔陆提出了军事工业、民用工业都要考虑学会生产军、民品两套本领的建议。党中央和毛主席肯定了这个建议。1957年初,赵尔陆主持召开了二机部企业领导干部会议,要求各企业在确保军品研制和生产任务的前提下,根据企业各自的特点,搞好民品选型,加强组织管理,保证产品质量,做好销售工作。会后,很快打开了局面,为国家提供了一批民用产品,其中有不少新产品填补了国内生产的空白。

赵尔陆是在1952年8月—1958年2月期间任第二机械工业部部长的,并在1955年3月前兼任航空工业局局长一职,这正是中国航空工业执行第一个五年计划的关键时期。

1953年以后,部队送修飞机的损坏程度日益严重,修理工作和需要更换零件的种类、数量急剧增加,只靠一般性地扩大修理范围、拆旧换新、挖补串修,已经远远不能满足部队作战和训练的需要。加之库存进口零件有限,国外订货不能按时供应,有的甚至因国外停产而断绝了来源。为了发挥修理、制造两者相互促进的作用,航空工业局及时提出"密切结合修理需要,兼顾技术发展,积极试制新产品"的方针,组织企业迅速扩大零件制造范围,以满足修理需要,并促进制造因素的增长。

零件制造范围的不断扩大,促进了管理水平的迅速提高。由于重要、复杂零件的试制都要严格按照制造的工艺规程,制作正规的工艺装备,并要经过试制和鉴定的程序,达到合格后才能进入正式生产。显然,原来修理时采取的管理方式已经不适应了,要根据正规制造厂的要求进行管理上的变革。因而航空工业局要求各厂都要建立厂长负责制和以总工程师为首的生产技术责任制,健全了管理机构,加强了计划管理和生产技术管理,严格了原材料进厂检验和产品检验,以保证产品质量。这就为从修理转向制造打下科学管理的基础。

洪都机械厂在1954年初正式开展初教5试制的时候已经修理过雅克–18飞机235架。当时全机除操纵系统尚未试制外,其余零件、部件全部制造出来了。1953年底,赵尔陆到厂视察以后认为提前制造整机的条件已经具备,经报国务院批准,给工厂下达了命令,把初教5飞机正式试制成功的时间由原定1955年三季度提前到1954年三季度,整整提前了一年。

洪都机械厂接到命令后,立即进行全厂总动员,争分夺秒、夜以继日展开试制。第一架飞机于1954年7月11日完成试飞。国家鉴定委员会的结论是:洪都机械厂制造的初教5飞机性能符合技术条件要求,可以作为空军教练机使用。8月26日,经国防部长彭德怀批准该机投入成批生产。这种飞机从试制到正式投产,只用了半年多时间,与其匹配的爱姆–11发动机也于当年8月由株洲航空发动机厂试制成功。初教5飞机的一举试制成功,打响了新中国制造飞机的第一炮,标志着中国航空工业从此由修理跨入了制造的新阶段。为了祝贺这一成就,1954年8月1日和10月25日,毛泽东主席分别签署了给洪都机械厂和株洲航空发动机厂的嘉勉信。毛泽东主席在给洪都机械

1954年,洪都机械厂试制成功我国第一架飞机——初教5(雅克-18)。
飞机上天时,赵尔陆部长(右二)前来剪彩

厂的嘉勉信里说:"七月二十六日报告阅悉。祝贺你们试制第一架雅克-18型飞机成功的胜利。这在建立我国的飞机制造业和增强国防力量上都是一个良好的开端。希望工厂继续努力,在苏联专家的指导下,进一步地掌握技术和提高质量,保证完成正式生产任务。"中国人民解放军总司令朱德也为洪都机械厂写了"发扬工人阶级积极性、创造性,增强国防,保卫祖国"的题词。

"一五"期间,中国自己制造的教练机、喷气式歼击机和运输机相继试制成功,并投入成批生产、交付使用,这在中国航空发展史上,确实是一个历史性的突破。为什么能够在短短的五六年间,取得如此巨大的成就呢?原因主要是:中国共产党和中央人民政府的高度重视,在人力、物力、财力上给予了重点保证,并组织各有关工业部门大力协同;从当时的历史条件出发,制定了从修理发展到制造的正确方针和符合客观实际而又稳定的计划;在坚持自力更生为主的同时,积极争取苏联的技术援助和专家的具体指导;坚持生产建设和人才培养同步进行,造就新兴技术产业的职工队伍;尤其是充分发挥干部、工人和知识分子的巨大积极性、创造性,真正体现了高度的政治热情与实事求是的科学态度紧密结合。归根结底,这个成就充分体现了社会主义制度的优越性,在新中国航空工业史上写下了灿烂的篇章。由于航空工业"一五"期间取得的成就,国家给予了很高评价。赵尔陆多次陪同毛泽东、刘少奇、周恩来、朱德、陈云、邓小平、李富春、彭德怀、聂荣臻、叶剑英、徐特立等老一辈无产阶级革命家参观1956年、1958年举办的两次航空工业展览，领袖们殷切期望集聚了各种工业精华的航空工业要迎头赶上、早日达到国际先进水平。

赵尔陆任部长兼航空工业局局长期间，还十分注重院校建设和航空工业干部员工的培养。到"一五"计划末期，航空院校共毕业研究生96人，大学本科生1980人，专科生2137人，中专生5558人，技工学校毕业生26144人。这样一大批层次配套的技术力量，基本上满足了航空工业发展的急需。这些学校在出人才的同时，还积累了很多办学的经验。毛泽东主席分别在1957年最高国务会议和1958年中共中央南宁会议上，称赞了昆明航空工业学校和西安航空技工学校的创业精神和办学经验，号召向他们学习。

航空工业局提高职工队伍素质的另一个重要途径是让员工在职培训。第一个五年计划开始后，在"向苏联专家学习"和"向科学进军"的号召下，在航空工业领导干部、技术人员和工人中形成了学业务、学技术、学外语、学政治理论的浓厚气氛。从领导机关到基层厂所，每天清晨，到处有人看书学习。白天，人们在各自岗位上紧张工作；晚上，厂长、书记和广大职工又一起走向课堂。到1956年，航空企业开办业余大学7所，业余中专7所，在校学员达2.1万人，约占职工总数的1/4。机关和厂所的各种短训班，更如雨后春笋般涌现。此外，还先后抽调上千名干部脱产学习。文化程度低的年轻干部大部分进入工农速成中学，文化基础好的领导干部直接进入北京航空学院（简称北航）特别班，从而加速了干部队伍知识化的进程。

教育事业的迅猛发展，源源不断地为航空工业输送了新鲜血液，提高了队伍的文化技术业务素质，改善了队伍的技术构成。1957年底，全行业技术人员由1952年的500余人上升到1.5万人，占职工总数的14.3%。在大多数工厂，技工学校毕业生和经过航空技术专门训练的工人已占工人总数的50%左右。这支新中国成立以后形成的第一代航空工业产业大军，不仅保证了从修理到制造的顺利过渡，而且始终是航空工业开拓前进的中坚力量。航空院校还给航天工业、人民空军、造船工业以及国民经济其他部门输送了大批技术人才，为这些新兴部门的创建和发展做出了贡献。

国家的高度重视和正确决策，全国经济建设高潮的有力推动，加上赵尔陆和航空工业局领导共同努力，使航空工业取得了第一个五年计划建设的丰硕成果。5年共建成企事业单位42个，平均每年建成8个以上。其中，工厂19个，学校19所，仓库4座。原定5年的基本建设计划提前一年完成。13个国家重点建设项目，有8个提前一年到一年半建成，4个按期建成。完成的项目经国家验收，质量全部达到"良好"。工厂建成后迅速投产，使固定资产投资动用率达到82.7%。到1957年底，航空工业拥有建筑面积355万米^2；金属切削设备11160台，是1952年的5.5倍；职工10万人，是1952年的3.3倍。所有这些，使航空工业的物质技术基础发生了重大变化：从一个只能进行飞机修理的比较小的行业，变成了具备成批制造活塞式教练机和喷气式歼击机能力的新兴产业，成为国家重要的高级精密机械制造部门。这是新中国成立初期经济建设中的一项重大成就。

赵尔陆为了切实抓好国防工业的三线建设，1964年9月亲自率领一些同志用了3个月时间到三线地区调查研究。跋山涉水，昼夜奔波，途经8个省（自治区），22个地区，行程13000千米。每到一地，他都认真听取当地的情况介绍，查阅地方志等历史文献，实地踏勘地形、地貌、水系、自然资源和交通运输状况，掌握了大量的第一手资料。通过周密调查，他集中大家的智慧，就三线建设重大问题向党中央写了4个专题报告，对三线工厂的布局、技术政策和厂址选择以及动力建设等，提出了具体方案和建议。党中央和毛主席对这些建议给予了很高评价。

赵尔陆是第一、第二、第三届国防委员会委员，第二、第三届全国人民代表大会代表，中国共产党第八届中央委员。在"文化大革命"初期，他遭受林彪、江青反革命集团的迫害，于1967年2月含冤逝世。

薛少卿

薛少卿（1910.11—1991.10），湖北监利人，原空军副司令员、第三机械工业部副部长兼航空工业局局长。1929年参加革命，同年加入中国共产主义青年团，1930年转为中国共产党党员，1931年参加中国工农红军。土地革命战争时期，历任湘鄂西红三军9师25团战士、班长、副排长，荆门县礼家寺区大同盟青年部长，红三军政治部宣传员，红二军团政治部没收委员会副主任，红二方面军政治部地方部武装动员科长等职。参加了举世闻名的二万五千里长征。抗日战争爆发后，历任八路军第120师政治部民运部科长，山西兴县县委武装部部长，120师政治部民运部部长、组织部部长。解放战争时期，他历任东北军区政治部组织部部长，辽西军区第一军分区政委，中共嫩江省委组织部部长兼地委书记、军分区政委，东北民主联军航空学校副政委兼政治部主任。新中国成立后，历任军委空军训练部第二部长、工程部部长，第三机械工业部副部长兼航空工业局局长，空军工程学院院长，空军副司令员及空军顾问等职。1991年10月因病在北京逝世。

1960年9月，薛少卿被国务院、中央军委任命为空军副司令员、第三机械工业部（简称三机部）副部长兼航空工业局局长。薛少卿到任之时，航空工业正面临着空前的困难。在"左"的错误思想影响下，"大跃进"使航空工业遭受严重挫折。由于指标过高、要求过急，搞快速试制、快速施工，导致航空产品质量严重下降，大批飞机不能出厂交付部队使用，基础建设质量也存在严重问题。此外，苏联单方面中断合同以及三年自然灾害，也加重了我国航空工业前进中的困难，使航空工业的发展雪上加霜。中共中央书记处就军工产品质量问题召开了电话会议，薛少卿按照这次会议的精神和贺龙元帅"一刀两断"、"一丝不苟"的指示，在北京民族饭店主持召开了航空工业系统主管质量的副厂长参加的整顿会议。会议消化理解了党中央的精神，提出了改进措施，对全国航空工业系统的整顿起到了震动和促进作用。随后，各工厂企业都发动了起来，在组织领导、生产制度、纪律作风、生产秩序等方面进行了全面、系统的整风，对问题严重的企业进行了重点解剖。

薛少卿倾全力落实贺龙的指示，在质量整顿中，要求所有工厂、所有军用产品都按照"质量第一、一丝不苟"的原则，制定优质过关方案。对技术资料、原材料、成件、设备、工艺装备进行逐页、逐件、逐道工序的检查和鉴定，然后又一个个班组、车间、工厂按标准进行层层检查验收。在组织过关验收中，坚持了具体产品具体分析、实事求是、区别对待的原则。对没按照原图样进行试制、问题严重的机种，都重新全部复制原型机的图样资料，制造全套优质工艺装备和标准样件，重新组织试制；对生产实践证明基础比较好的机种，有什么问题就整顿什么问题，允许采取过渡的方法，使一批优于一批；对某些局部质量不合格而未能出厂的飞机，按优质标准进行返修。这样做，既坚持了优质标准，又防止了矫枉过正，使质量整顿工作得以健康的发展。与此同时，航空工业局下发文件并派工作组深入各工厂，贯彻执行中共中央颁布的《国营工业企业管理条例（草案）》，即"工业七十条"，严格执行各级领导责任书和各项规章制度，全面系统地恢复和整顿企业管理，为优质、成批生产打好基础。

薛少卿力促整顿，切实落实中共中央及国务院的精神，国防工业的军工产品质量逐步达标。1962年5月，当沈阳航空发动机厂和天津电工厂取得优质过关的时候，中央军委国防工业委员会立即通报表扬嘉奖，并颁发奖金。薛少卿受贺龙元帅委托分别到这两家企业宣读中央军委国防工业委员会通报嘉奖令，对工人、科技人员、干部进行表彰慰问。

在1963年9月前后，直5和歼6两机先后通过国家鉴定，胜利实现优质过关，转入成批生产。新生产的飞机和发动机，不仅装配的是国产优质零配件，而且352项机载设备也全部优质过关。米格-19原型机的抖动和米-4直升机的振动等一些技术难题也被一一攻克。这表明航空工业战线经受住了严峻的考验，具备了依靠自己力量制

1963年薛少卿在第三机械工业部大会上发言

造比较复杂飞机的技术能力。中央军委就这两个机种优质过关发出贺电:"这是我国航空工业开始全面好转的一个标志。"产品的优质过关,也促进了整机和零配件的协调发展。1961—1963年,航空工业生产了15种飞机,13种发动机的零配件,计1万项以上,8580多万件;还生产备份发动机778台,改变了空军、海军飞机因一度缺零备件而停修停飞的状况,而且使维修飞机的某些零备件由原来依靠国外进口转为立足于国内。

薛少卿在组织产品优质过关的同时,还狠抓了三线基建工程的质量整顿。到1963年,对劣质工程全部返修加固完毕。成都、西安的飞机、发动机厂和兰州的机载设备厂都陆续建成投产。同时,为保证新飞机的试制生产,还续建和新建了一批急需的工厂,重点扩建和改造了一批老厂,并从地方接收了几家工厂,基本达到了配套生产的初步目标。1963年新增固定资产为年计划的106%,创造了航空工业1958年以来的最好投资效果。经过1961—1963年的调整、整顿,航空工业基本上清除了"大跃进"带来的消极影响,生产和管理走上了正轨,产品和基本建设质量上升,内部比例趋向协调,经济状况逐步好转,全行业实现扭亏为盈。薛少卿为此付出了极大的心血。

我国航空工业从仿制到自主研制走过了一段曲折的历程,薛少卿做出了重要贡献。1961年薛少卿到任后即开始狠抓初教6的定型工作。1961年12月,薛少卿代表三机部和航空工业局与空军、国防部第六研究院有关同志组成国家鉴定委员会。1962年1月5日，国务院军工产品定型委员会根据初教6国家鉴定委员会的定型报告，正式批准初教6定型，投入批量生产。至此，历时4年半、耗资246万元的初教6研制工作宣告结束，使其成为我国生产时间最长、产量最多的机种，大量装备了我国空军、海军部队，为我国培养了数以万计的飞行员。

20世纪60年代初，哈尔滨飞机制造厂面临着多种飞机维修需要不同型别的发动机，生产难以组织的问题。经过论证，决定从改进改型入手，以直5的动力装置活塞7为原准机，吸取其他机型之所长，1963年改型研制了活塞8发动机。经国家航空产品定型委员会鉴定，证明该型发动机是成功的。新的机型可以与苏制图-2轰炸机、伊尔-12和伊尔-14运输机，以及美制C-46运输机通用，做到了"一机四用"，打响了航空工业改进改型的第一炮，救活了当时由于缺少发动机而需要停飞的数百架进口旧飞机，同时也提高了飞机的高空性能，达到了满员飞进西藏的要求。由于这次改型成功，其他的改进改型也随后展开，全面克服了原设计的缺陷，挖掘了原型机的潜力，改装了较为先进的设备，满足了多层次、多方面的需要，在使用中发挥了很好的作用。通过航空工业战线同志们的努力，航空工业取得了显著的成绩，澄清了那种认为改进改型"油水不大"的消极看法，进一步鼓舞和推动了处于困难时期的改进改型工作，得到了中共中央的认可。

1961年强5面临"下马"的严峻形势，但洪都机械厂决定"见缝插针"，坚持试制，得到了薛少卿的大力支持。在他的努力协调下，强5研制终于取得了空军、航空工业局和航空研究院的支持。后来又获得国家设计定型，成为空军一种比较理想的强击机。

1962年初，歼6型飞机重新试制。1963年9月，涡喷6发动机装在歼6歼击机上通过了试飞，12月该机正式转入批生产，结束了航空工业连续几年造不出优质歼击机的被动局面，航空工业开始呈现繁荣景象。

1963年9月，薛少卿结束了为期3年的航空工业局局长的使命，回到空军，不久进入中央党校学习。1975年8月，为响应邓小平提出的老同志让贤的倡导，薛少卿提出了退居二线的申请，并第一个成为空军的顾问。

薛少卿是中国人民政治协商会议第五、第六届全国委员会委员。1955年被授予少将军衔，荣获二级八一勋章，二级独立自由勋章，一级解放勋章。1988年被授予一级红星功勋荣誉勋章。1991年10月因病在北京逝世。

孙志远

孙志远（1911.10—1966.10），河北定县人，原第三机械工业部部长、党组书记。1928年考入北平师范大学，1929年参加共青团，翌年转为中国共产党党员。1931年底，他任中共定县委员会书记，并发动了"抢秋"斗争；后到张家口东北军从事党的兵运工作，随后党派他到苏联学习。1935年回国后，先后在沈阳和北平做情报工作，任中共北方局组织的对东北军53军工作委员会成员，八路军第三纵队兼冀中军区政治部主任，1940年当选为党的七大代表；1942年后任中央党校二部副主任，晋绥军区政治部主任兼三分区司令员，军调处中共集宁第一执行小组组长，晋绥军区三纵队政委，西北野战军组建第七纵队时任代政委；1949年任中国人民解放军第七军政治委员，第一野战军第一兵团政治部主任。新中国成立后，任西南军政委员会秘书长，1951年作为中央人民政府五人代表之一参加了和平解放西藏的谈判；1952年调任国务院副秘书长。先后还任过中央财委第二和第三办公厅主任，国家建设委员会副主任兼国务院第三办公厅副主任，国家经济委员会副主任，并兼任物资管理总局局长。1961年调任军委国防工业委员会副主任、党组第二书记，并兼任第三机械工业部部长、党组书记。1966年10月因病逝世。

1961年孙志远担任第三机械工业部部长,当时的三机部负责管理航空、电子、兵器、造船四大行业。此时,国防工业正面临重重困难:苏联撤走专家,停供设备;"大跃进"冲毁了基础制度,军工产品质量出现严重问题,部队的飞机停飞,工厂飞机不能出厂;"反右倾"斗争过火,挫伤了干部群众的积极性;自然灾害造成职工生活困难,影响生产;边防战备又对国防工业提出新的要求。在这种严峻形势下,孙志远义无反顾地投入到整顿和发展国防工业的艰苦斗争中。

首先是大刀阔斧整顿军工产品质量。孙志远几乎走遍了军工企业特别是航空工业的厂、校、院、所,从做好人的工作入手,坚持高标准、严要求,整顿和健全规章制度及各级责任制,保证产品优质过关。经过两年多艰苦的工作,使国防工业走出了困难时期,为进一步发展国防工业打下了良好的基础。

孙志远深知调整工作体制的重要性,为从机构体制上处理好国防工业与国民经济各部门的关系,经他建议由中央批准,1961年11月国务院成立国防工业办公室,军委国防工业委员会与之合并,罗瑞卿任主任,赵尔陆、孙志远、方强任副主任。

孙志远还深切感到三机部业务繁杂,顾此失彼,已不适应科研生产发展的需要。经过反复酝酿,他提出按专业分部,实行计划单列。国务院和中央军委批准了这一建议。1963年分别成立了新的第三(航空)、第四(电子)、第五(兵器)、第六(造船)机械工业部。孙志远组织领导了这次分部工作,并任第三机械工业部部长,继续兼任国防工办副主任。

1963年9月,国家决定成立第三机械工业部,任命孙志远为部长,刘鼎、吴融锋、段子俊为副部长。1964年初,在新班子的主持下,召开了航空工业企业领导干部会议。这次会议全面分析了形势,肯定了三年贯彻"调整、巩固、充实、提高"八字方针所取得的成绩,同时指出成绩只能算在攀登高峰过程中爬上了一个阶梯,航空工业的状况同国防建设和经济建设的需要还很不相称。会议按照"为建设我国的人民空军,适应国民经济发展的需要,不断提供现代化的航空技术装备"的要求,对以后的建设与发展进行了规划,提出了从仿制走向自行研制的战略目标,并且确定1964年和1965年继续贯彻"八字方针",扎扎实实地为长远的发展创造条件,打好基础。会议之后,部领导亲自带领机关干部到各企事业单位向广大干部、群众宣讲会议精神,组织新机试制和多品种成批生产的会战,掀起学大庆、学先进的比、学、赶、帮活动。广大干部职工目标明确,精神大振,积极投入到生产建设之中。从1964年到1966年"文化大革命"爆发之前,全行业政通人和,健康发展,呈现出一派欣欣向荣的可喜局面。

这个时期,新机(弹)试制取得了振奋人心的进展。霹雳1空空导弹、红旗1地空导弹、上游1舰舰导弹及地地导弹的火箭发动机相继在1963年、1964年和1966年试制成功，投入生产。从此，结束了中国没有战术导弹的历史。英雄的人民军队装备了导弹就如虎添翼，成为更强大的保卫和平的力量。歼击机在实现歼6优质过关之后，又分别于1964年和1966年试制成功全天候高亚声速歼击机歼5甲和2倍于声速的高空高速歼击机歼7。1958年开始自行设计的强击机强5也于1965年达到初步设计定型，转入成批生产。还有轻型喷气式轰炸机轰5也在1965年升空试飞。这些飞机和导弹的试制成功，显示出航空工业职工自力更生发展新机的坚强意志和日益成长的技术能力。

组织飞机、导弹的多品种优质成批生产也取得成功。1965年，歼6飞机和红旗1导弹的产量大幅度上升，年生产水平跨上了一个新台阶。1963—1965年的三年中，总计生产交付各种优质飞机1055架、发动机3081台；导弹也已成批生产，从而改善了部队装备，增强了国防实力。1965年全行业工业总产值为1960年的1.6倍。到1966年，各项经济技术指标达到了航空工业创建以来的最高水平。这是航空工业发展中的一个新高峰。

在调查研究的基础上，孙志远对航空工业工作迅速做出高瞻远瞩又积极务实的总体部署，尤其是把继续狠抓产品质量不动摇作为第一要务，很快取得效果。1963年9月，按优质过关要求新试制的歼6飞机试制成功，歼击机有了超声速的机种。紧接着，直5直升机也试制成功，填补了我国直升机领域的空白。中央军委向三机部和试制工厂发出贺电。邓小平总书记高兴地对孙志远说："航空工业带了一个好头。"孙志远预见到，要保证批量生产的飞机质量，日常生产任务比试制时还要艰巨，因此在各种场合反复强调质量第一。他总结群众经验，形象地说："在质量问题上要'大事敲锣，小事敲钟，无事敲木鱼'，人人抓，时时抓，件件产品抓，丝毫不能放松。"航空工业坚定不移地抓质量，取得了丰硕成果。歼6飞机、涡喷6发动机、活塞6发动机和霹雳1号空空导弹等一批航空产品获得1964年国家新产品奖。

1964年1月，在航空工业企事业领导干部会议上，孙志远提出进一步发展大计，今后7年奋斗的目标是："到1970年航空工业达到基本小而全，即建立一个基本独立完整、'麻雀虽小、五脏俱全'的航空工业，使空海军的航空技术装备能够有所改善，并且基本上走出仿制阶段，走上生产自行设计产品的新阶段。"

1964年三机部和航空研究院合并以后，孙志远反复强调，要优先发展航空科研，宁可少建几套工厂，也要把科研试验条件建设起来。接着三机部决定，在第三个五年计划中，要把建设科研试验条件作为航空工业发展的战略任务摆到第一位进行规划部署。1965年初即着手在内地筹建空气动力研究所、航空发动机研究所和飞机强度研究所，同时加速飞行试验研究所的建设。这4个科研试验基地规模比较大，技术十分复杂，一直被列为重点项目。飞机强度研究所能够承担120吨级的飞机全机静力试验。

1951年孙志远（左一）参加和平解放西藏签字仪式

20世纪60年代中期，这个所的试验厂房正式交付使用，以后又扩建增建试验条件，成为比较完整的飞机静力和疲劳试验基地。飞行试验研究所是一个综合性的飞行试验研究中心，通过执行多种飞机、发动机和机载设备的试飞定型任务和试飞方法的课题研究，初步形成一支具有一定理论基础、专业配套和富有实践经验的飞行研究科技队伍。内地的空气动力研究所先后建造了不同形式和风速的低速风洞、跨声速风洞、超声速风洞等，后来形成了国家空气动力试验研究中心，连同三机部哈尔滨、沈阳、北京、西安、南京等各类风洞，初步建成了尺寸和速度基本配套的风洞群。这个期间，还兴建了沈阳发动机设计研究所的试验基地。其他研究所和设计所也根据需要与可能，加强了科研试验条件的建设。工厂、院校则普遍建立了科研设计机构和工艺研究机构。机载设备新产品的研制，由于门类、专业很多，则主要是依靠工厂建立设计机构，集中优势技术力量逐步展开的。

1964年秋，进一步提出科研与生产相结合的体制问题。孙志远认为，要抓航空产品的不断更新换代，在批量生产的时候，就要有新产品设计和更新的规划。形象地说，就是要"嘴上吃着一个（生产）、手上拿着一个（设计）、心里想着一个（规划研究）"，一代接一代，梯次展开。而要做到这样，没有科研与生产相结合是不行的。经过部党组讨论，1964年11月，三机部上报了"部院合并、厂所结合"的报告。同年12月，党中央、国务院做出决定，国防部第六研究院（航空研究院）与三机部合并。1965年3月，部召开部院合并后第一次政治工作会议，毛泽东主席等中央领导同志接见了与会代表，毛主席说："合了好!"部院合并后，孙志远十分重视发展科研来促进生产，他表示："宁可少建一套飞机厂，也要把科研建设搞上去。"

孙志远一方面要求加快歼击机和发动机、航空仪表等设计研究所及试飞研究所的续建；另一方面重点投资兴建空气动力、强度和发动机高空试车台等试验研究基地。当我国第一种自行设计的超声速强击机强5试制过程中遇到很多困难时，他到洪都机械厂对设计者给予大力支持，打开了局面，促进了强5飞机于1965年末初步设计定型。

在新产品试制定型后，孙志远适时地抓了产品的批量生产，为部队提供装备。他提出"1965年是航空工业彻底翻身年"，"要在确保产品质量的基础上，组织以'五机三弹'为中心的生产高潮"，并具体提出了在1965年内生产200架歼6飞机和100枚红旗地空导弹的大批量生产目标。经过艰苦奋斗，到1965年末优质超额地完成了任务，使航空工业上了一个新的台阶，整个航空工业呈现出生气勃勃、欣欣向荣的景象。

在"四清"、"社教"运动中，孙志远把重点引向企业革命化，他提出"政治是根本，工人是基础"的指导思想，保护了干部，调动了职工的积极性，促进了生产力的发展。1965年末，他在调查试点的基础上，对企业体制改革进行了新的尝试，将同一地区企业组成工业公司。先后将西安两个航空附件厂组建为庆安公司，将兴平航空电器厂和轮毂厂组建为秦岭公司，将新乡两个航空附件厂组建为平原公司；又将沈阳飞机制造厂和沈阳飞机设计研究所、沈阳航空发动机厂和沈阳发动机设计研究所、株洲航空发动机厂和株洲航空发动机设计研究所等实行厂所结合。

1964年，毛泽东主席先后在5月中共中央工作会议和8月中共中央书记处会议上提出：把全国分成一、二、三线，一线要搬家，三线要加强，作为备战基地。工厂可一分为二，要抢时间迁到内地去。此后，航空工业的内地建设大规模地展开。1965年初，根据中共中央批准的《国防工业一九六五年工作要点》有关调整一线、集中力量建设三线的要求，三机部做出了坚决停缓一、二线建设项目，有计划、有步骤地把地处一、二线大城市的企业向三线搬迁的决定。所有一、二线企业也随之制定了往内地搬迁的方案。当年，就完成了处于沿海地区的航空电器、灯具、降落伞、发动机附件等6个机载设备厂的搬迁任务，另有9个工厂、3个研究所也在三线开始动工兴建。当时，航空工业广大职工建设三线的热情分外高涨。有搬迁任务的工厂一分为二之后，新厂的筹建班子立即投入紧张的工作，有的甚至来不及整理行装，告别亲友便日夜兼程奔赴三线。上海、天津、北京的几个航空工厂有近2000名职工迁往贵州，一声令下，不到半年，连人带设备，全部搬迁完毕，当年就安装投产了。这种人心之奋发，建设之迅速，充分反映了航空工业这支队伍的实战能力和献身精神。

1965年，针对当时美国、苏联以武力威胁、孤立我国，炫耀"空中优势"的形势，孙志远提出了"我们要在未来防御战争中夺取局部地区空中优势"的战略目标，需要安排高、中、低空歼击机、强击机和地空导弹的研制和生产。据此，他主持制定了航空工业第三个五年计划。这个设想得到了主管国防工业的中央领导同志赞同，把它纳入了国防工业建设规划，并决定以航空装备为突破口，打一场翻身仗。

正当航空工业准备大展宏图的时候，"文化大革命"爆发了。孙志远疲于应付各地"造反派"，心力交瘁引发脑血栓，不幸于1966年10月11日逝世。周恩来总理主持了孙志远的追悼会。

孙志远是中国共产党第八届中央委员会候补委员，全国政协第三届常务委员会委员。1966年10月因病逝世。

刘 鼎

刘鼎（1902.12—1986.7），四川南溪人，原第三机械工业部常务副部长。1923年加入中国社会主义青年团。1924年毕业于浙江高等工业学校，后赴德国勤工俭学。1924年转入中国共产党。1926—1927年在苏联莫斯科东方大学学习。1929年回国后历任中共中央军委特科副科长、科长，1931年因叛徒出卖被捕入狱。1933年后曾任闽浙赣苏区政治部组织部长、红军第五分校政委、兵工厂政委。1936年被中共中央正式派为驻东北军代表，在"西安事变"中起了重要作用。抗日战争期间，历任延安摩托学校校长、抗大和党校的政治教员和政治主任教员、抗大特科大队长。1940年任八路军总部军工部部长。1944年任中央军委联防司令部军工局副局长。解放战争期间，任晋察冀军工局副局长。新中国成立后，先后任重工业部副部长，第一、第二、第三机械工业部副部长，1963年任第三机械工业部常务副部长，1965年兼任第六研究院院长、党组副书记、顾问。曾当选第一届全国政协委员，第五、第六届全国政协常委，中国机械工程学会理事长，中国兵工学会理事长。1986年7月因病在北京逝世。

新中国成立初期，刘鼎被任命为中央人民政府重工业部副部长，既负责兵器工业的调整、改组，又负责机械、电子、船舶和汽车工业的筹建。1951年5月，刘鼎兼重工业部兵工总局局长。同年6月，中央派徐向前、刘鼎等赴苏联谈判援助我国建设国防工业问题。1954年10月，刘鼎出任第二机械工业部部长助理，1956年12月任第二机械工业部副部长，分管生产技术和物资供应、民品生产。1958年2月，第一、第二机械工业部合并为第一机械工业部，刘鼎任第一机械工业部副部长。1960年9月第一、第二机械工业部分开，刘鼎任第三机械工业部（国防工业部）副部长。他代表三机部党组起草了向党中央的报告，论述了我国工业技术水平与国外先进水平存在的10大差距，并提出了一系列建设性的措施。他狠抓了技术管理，亲自带队到工厂蹲点，调查研究，先后拟定了《关于企业技术检验工作若干规定》、《计量检定工作管理办法》，对扭转当时国防工业技术管理的混乱情况起到了促进作用，保证了产品质量。

刘鼎倡导科研工作要面向生产，经济工作要用经济的方法来管理。他主张在自力更生的基础上发展航空工业。1960年，洪都机械厂自行设计、研制出一种初级教练机——"红专"502。此前，也从苏联引进了一种初级教练机的图样和制造工艺，并且设计定型。在当时，是生产自己设计的飞机还是生产苏联的飞机存在争论。刘鼎坚决主张：进一步完善设计，生产自己的飞机。

1963年9月新三机部（航空工业部）成立后，刘鼎任党组副书记、常务副部长。当时航空工业对"反右倾"、"大跃进"所造成产品质量问题的恶果尚未消除。年逾花甲的刘鼎为了迅速扭转这种被动局面，夜以继日地工作，协助孙志远部长狠抓工艺技术，狠抓质量优质过关，狠抓技术管理。

在刘鼎主持下，航空工业先后在1963年和1965年召开了两次大型技术工作会议，制定了技术政策，讨论制定了技术发展规划，对航空工业的科学技术发展做了战略性的部署。1965年5月，刘鼎兼任第六研究院（航空研究院）院长，全面负责航空工业科研技术发展工作。他坚决贯彻执行国务院、中央军委关于实行部、院合并的决定，组织研究院消化歼7飞机的设计文件，着手歼8飞机的科研设计工作，同时根据部党组的总体规划，建立了一整套部属厂管的科研机构，使航空工业逐步形成比较完整的科研体系。他瞄准当时世界航空工业发展水平，找出我航空工业的技术差距，制定技术发展政策，确定科研攻关方向和具体攻关项目。电解加工技术当时在国外刚刚兴起，刘鼎一触及这项新技术，就看出它对国防工业未来发展的重要用途。他明确提出以发动机叶片为主攻方向，用电解加工啃掉发动机制造中这个工作量最大、难加工的硬骨头。在他的组织和支持下，有关研究所和航空发动机厂进行了研究、试验。经过技术人员与工人的努力，电解加工发动机叶片几乎与国外同时成功。经过20多年的努力，航空发动机大部分叶片的批生产采用了电解加工技术。在整体叶轮、高温空心涡

1983年10月9日,刘鼎(右三)和石飞领导在该厂生产的运5型飞机前合影

轮叶片、大型机匣等关键零件的加工方面也取得了成功。1965年邓小平视察沈阳航空发动机厂时,在看到电解加工的成果后曾高兴地称赞说:"电解加工是一个宝。"

1964年,当有人提出在航空工业的钣金冲压锻造成形中采用火药爆炸成形技术的建议时,刘鼎即以深邃的眼光看到了这一新工艺的强大生命力,并在国内积极倡导这项技术。在他的领导和支持下,北京航空精密研究所与洪都机械厂很快就合作研制出40吨米的火药锤,并锻造出合格的钛合金涡轮盘锻件,为锻压工艺开辟了一条新途径。此外,在航空工业以及其他军工生产中采用的许多新工艺、新技术,如喷丸强化、冷挤压、电蚀加工、复合材料的研究与应用等无不凝聚着刘鼎的大量心血。

刘鼎还根据国外的经验和国内的科学技术水平,大胆提出自己的见解。他常说:"没有工具和工艺装备的现代化,工业的现代化是不可想象的。"在他的倡导下,航空工业专门组建了组合夹具和硬质合金工具专业化工厂,加强了工厂的设计、工艺研究技术力量。

刘鼎对硬质合金工具也备加关注。"文化大革命"中,他虽然身陷囹圄,仍为硬质合金的发展操心。出狱工作后,他多次听取有关部门和工厂汇报与外商谈判的情况,并提出具体要求。工厂每开发出一种新产品,他都进行全面了解、检查,指出优缺点。他对工量具的出口工作也极为关注,在1985年10月住院前几天还对工量具出口问题做了批示,这也是他最后一次工作指示。刘鼎在我国工业建设发展问题上,的确称得上是一位有独到见解、把专家内行和领导干部融为一体的杰出领导者。

刘鼎一贯注重人才培养。他主张在三线建设工厂、研究所之前要先办学校,就近培养、补充工艺员和技术工人。他积极倡导勤工俭学、半工半读,强调加强基础技术工作、加强工艺水平的提高、调整专业和工种的设置,以适应技术进步。他主张革新教学内容,增加新技术、新工艺,培养学生组织能力和操作能力。他还十分重视在职人员培训,提倡工人大练基本功,并亲自为钳工的基本功制定了规范,效果显著,深受欢迎。

在"文化大革命"中,刘鼎备受磨难。在监狱里,他把监狱当作总结大半生革命经验的场所,反复思考自己几十年来为国防工业献身的生产技术成果和经验。狱中没有写作条件,没有纸,就用草纸、牙粉袋、饼干包装纸等;没有参考书籍和资料,就凭着他惊人的记忆力,陆续写出近20万字的技术总结和建议。这些手稿内容丰富,涉及的范围广泛,有针对枪、炮、弹药生产的历史经验总结,有各种武器再设计的建议,有对电解加工工艺学完整丰富的论述,有对钨、钛、硼、钻石等开发与应用的建议,有轧辊磨床和卧式无底冲床的设计方案,有旧机床的改造与应用的论述等。这些手稿句句显示了他在技术上的造诣,渗透着他对党的事业的忠诚。1975年毛泽东主席批准他出狱。当见到接他出狱的同志时,他第一句话就问歼7飞机、歼8飞机情况怎么样。回到家中,许多同志去看望他,当询问他在狱中的遭遇时,他总是转开话题谈工作。他说,在监狱有时听到头上的飞机声,就情不自禁地想:不知我们现在又造出了什么新的飞机?

刘鼎严于律己。在他年逾70岁后,不管在京参加什么会议,都像出差外地一样,吃住在会场;不管是自己主持还是参加会议,都提前进会场,从不迟到、早退。他办什么事,干什么工作,总是保持着一丝不苟的工作作风。

党中央十分关心刘鼎,给他彻底平了反。刘鼎病重住院后,李先念、胡耀邦曾派代表到医院探望,李鹏、姚依林、习仲勋等党和国家领导人以及国际友人路易·艾黎和马海德也到医院慰问。1986年7月因病在北京逝世。

吴融锋

　　吴融锋（1916.2—1974.10），江西永新人，原第三机械工业部副部长。1930年8月加入中国工农红军，1931年1月加入中国共产党，参加了举世闻名的二万五千里长征。历任战士、宣传队长、政治指导员、党支部书记、科长、团政治处主任、旅政治部主任、军政治部主任、军政委、中国人民志愿军党委委员。1955年被授予少将军衔。1961年后吴融锋任国防工业委员会政治部副主任。1963年9月第三机械工业部成立，他被任命为第三机械工业部副部长兼政治部主任，1966年代理部党委书记。吴融锋是第三届全国人大代表。曾荣获二级八一勋章、二级独立勋章、一级解放勋章。1974年10月因病逝世。

吴融锋生活照

吴融锋长期在军队从事思想政治工作,有着丰富的工作经验。1961年他被任命为国防工业委员会政治部副主任。在任期间,吴融锋曾带领国防工业系统有关人员到玉门油田学习石油工人为祖国献油苦干的精神。孙志远部长为他们的学习调查报告写了按语,并转发到全行业。这一活动也带动了航空工业开展学习油田会战精神,学习解放军和雷锋精神的热潮。1963年三机部成立后,吴融锋被任命为副部长兼政治部主任。到航空工业工作后,吴融锋协助孙志远部长坚决贯彻中央"调整、巩固、充实、提高"八字方针,做深入细致的思想政治工作,制定规划,整顿航空产品质量。1964年1月,在三机部召开的企事业领导干部会议上,他做了关于加强思想政治工作的报告。为了加强思想政治工作,从部机关到基层企事业单位,都建立了政治部或政治工作机构。吴融锋还十分重视部机关的思想建设与组织建设和企业的"双基"(基层、基础)建设工作。强调机关要面向企业,要为生产服务,收到了实效。他还带领部机关的司局长、处长到空军先进单位学习。

1964年,吴融锋分工抓基本建设工作。根据中央关于三线建设的部署,三机部迅速贯彻落实。他协助孙志远部长提出航空工业三线建设规划,坚持主机、辅机配套的布局和中小为主、专业化协作的方针,同时重视科研试验基地的建设。坚决停缓建一、二线的在建项目,有计划地把一、二线企业向三线搬迁,并开始搬迁上海、天津、南京等地的6个机载设备厂。

吴融锋亲临现场指挥,使三线建设有序展开。1965年2月,吴融锋到贵州检查工作时首先检查了三个重点工厂的建设情况,明确了任务,交待了方法,使援建工作顺利进行。随后,他奔走于三线各地,深入察看现场,力求使设计方案符合要求。提出进行现场设计和狠抓老厂成套支援三线新厂、成立现场建设指挥部等有效措施,收到了很好的效果。贵州地区是航空工业最大的三线,他倾注了极大的精力和心血,经过多方调查研究、实地勘测,听取各方面意见,最终主持制定了贵州三线建设的方案,并报上级批准实施。

"文化大革命"中,吴融锋受到摧残和迫害,但他矢志不渝,坚持真理,充满信心。1972年平反、恢复工作后,吴融锋狠抓航空产品质量问题,在宝成仪表厂连续3年召开了3次质量现场会,扭转了"文化大革命"造成的质量严重下滑现象。他先后主持了机载设备工厂整顿产品质量、加强技术管理座谈会和全行业物资、财务会议,积极推动航空工业企事业单位整顿产品质量,加强技术管理、物资管理和财务管理工作。他不顾有病在身,又率工作组去贵州航空工业基地的所属工厂逐个调查研究,对三线建设中出现的问题,他当众承担责任,作自我批评,并虚心听取意见,共同研究调整方案。

吴融锋是第三届全国人民代表大会代表。曾荣获二级八一勋章、二级独立勋章、一级解放勋章。1974年10月因病逝世。

段子俊

段子俊（1913.1—2006.2），河南济源人，原第三机械工业部副部长、党组副书记。1927年参加革命，1930年加入共青团，1936年转为共产党员。1932年党组织派他去苏联列宁学校、鲍乌曼高等工学院无线电工程学校学习，1936年毕业回国。1936年10月，他奉命参加了陈云同志率领的中共代表团前往新疆迎接西路军，1938年回到延安，历任中央军委三局科长、厂长、处长，敌区工委会部长等职。1945年解放战争前夕，军委授予他上校军衔，随同彭真、陈云同志前往东北，任军委东北通讯联络分局局长、东北民主联军司令部三处处长、东北民主联军总部驻大连特派员，中苏远东电业有限公司董事长兼大连建新公司副总经理、大连关东电专校长、光华电器总厂厂长、大连大学党委副书记兼秘书长等职。新中国成立后，任东北邮电总局党委书记兼常务副局长。1950年末奉命筹建航空工业，历任军委航空工业管理委员会委员，重工业部航空工业局局长、副局长，第二机械工业部航空工业局第一副局长兼党组副书记，第三机械工业部副部长、党组副书记兼六院院长。1982年退居二线，任航空工业部顾问。段子俊是第六届全国人大代表。2006年2月因病逝世。

1950年12月19日，刚刚在沈阳就职东北邮电总局党委书记兼常务副局长不足两个月，时年37岁的段子俊奉召进京，去参与创建一项他从未涉足过的新兴事业——中国航空工业。赴京后，段子俊即参加了周恩来总理召集的会议，聆听了周总理宣布中央依靠苏联援助建设自己的航空工业的重大决策。

1951年1月1日，在北京西郊机场上停着一架苏制伊尔–12型客机，由周恩来授命前往莫斯科的3人代表团将乘此架飞机去完成一项关系中国航空工业创建与发展的重大使命。他们是团长何长工，团员段子俊、沈鸿。经过与苏方的艰难谈判，经双方最高当局审议，2月19日草签了协议书。3月10日，苏联政府原则批准该协议书。1951年10月30日，中国驻苏大使张闻天与苏联外贸部副部长柯瓦利代表双方政府正式签署了《关于苏维埃社会主义共和国联盟给予中华人民共和国在组织修理飞机、发动机和组织飞机维修厂方面技术援助的协定》。这个协定是争取苏联技术援助，建设中国航空工业的第一次用法律形式固定下来的正式文件，有着重要的历史意义。

1951年4月17日，中央人民政府人民革命军事委员会和政务院颁发了《关于航空工业建设的决定》。这一天被后人定为中国航空工业创建日。

《关于航空工业建设的决定》颁发的第二天，即4月18日，中共中央电告各中央局、分局、军区并财委："为适应空军建设，根据中央决定，在重工业部设立航空工业管理局，统一负责飞机的一切修理工作，由段子俊任局长。同时要求各部门应尽大力予以援助，并及时进行监督指导。"

根据中央决定，段子俊在筹组航空工业局的同时，重点抓接收工厂的工作。在航空工业创建的当年，航空工业局以战时的工作效率迅速组建。健全了局机关的办事机构，接收从空军划归的工厂16个，从兵工总局划归的工厂2个，职工8567人，其中技术人员554人，厂房面积48万米^2，设备2865台，新中国的航空工业在这样的基础上开始了创建与发展。

1951年8月11日，段子俊就如何加快航空工业由修理走向制造的问题，形成了一个用3~5年的时间实现由修理过渡到制造的设想方案，在征得重工业部领导的支持并经党组同意后，1951年8月，他与何长工联名向中央军委做了报告。1952年4月6日，在段子俊等同志的努力下，航空工业局正式迁入北京西城区福绥境38号办公。

1952年6月5—15日，航空工业局召开第二次厂长会议（6大厂厂长参加）。段子俊在会上做了航空工业局工作报告。段子俊根据当时飞机修理中出现的质量问题，在会上首先提出了"航空产品质量第一"的方针，这个方针对日后航空工业的发展产生了深远影响。

1952年8月15日，根据中央人民政府委员会8月7日第17次会议决议，正式成立第二机械工业部，任命赵尔陆为部长，张霖之、万毅、刘鼎为副部长。原重工业部

段子俊（1988年9月）

所属航空工业局划归二机部领导，并由赵尔陆部长兼任航空工业局局长，新调王西萍任副局长，局领导班子为：赵尔陆、王西萍、段子俊、王弼、陈一民、陈平。

段子俊到航空工业局后，对航空教育工作非常重视。1951—1952年，按照生产与教育并进的方针，在大力建厂的同时，积极创办了4所中专及1所大专，从这些学校的校址选定、专业设置到教学资料的采用，他都亲自主持研究确定。

1954年底—1955年1月，王西萍（时任航空工业局局长）、段子俊率航空工业代表团赴苏联访问，重点任务就是考察和探讨建立中国航空科研机构问题。回国后，段子俊又多次召开专题会议，对发展航空科研问题进行了反复研究。9月15日，航空工业局向二机部做了《关于建设综合性航空科学研究机构的报告》，具体提出了航空科学综合研究院由材料、空气动力、强度、飞行、发动机、特设、生产工艺等6个研究所组成，分两个步骤建设。

1960年12月，中央军委决定将航空工业局和空军等有关单位的科研力量集中起来，成立航空研究院（六院），隶属国防部建制，归国防科委领导。1965年1月，六院划归三机部建制领导，实行部院结合。此时，航空科研单位共有11402人，其中工程技术人员6406人，科研机构大体配套，科研技术队伍基本形成。1963年9月，中央决定成立第三机械工业部（航空工业部）。随之，段子俊被任命为部党组成员、副部长，主管规划计划、生产。

为了迅速把导弹搞上去，1958年10月，根据中央关于开展导弹设计试制的决定，在部的统一领导和国防部五院的协调下，航空工业局由段子俊负责开始组织导弹试制生产。在此前后，他经常奔波于三机部、五院和各地航空工业的有关工厂，协调、开会、调查研究、座谈讨论，深入现场解决实际问题。在三机部党组和段子俊等一大批航空人的努力下，我国摸索到了导弹与飞机生产两者结合的基本做法，在航空工厂开辟生产线，并聚集了一大批能够适应导弹生产需要的干部、科学技术人员和工人队伍，从而使导弹生产获得了突破性进展，并于20世纪60年代前期完成了第一代导弹的研制与生产任务。

在"文化大革命"中，段子俊坚持航空工业质量标准，严格抓产品质量，使航空产品受损失降到最低程度；同时他又具体抓了斯贝发动机的引进工作。1974年8月3日，段子俊召开会议研究斯贝发动机引进的具体方案，包括整机、制造权、技术合作，以及及时做好内外通气、汇报等。9月24日，国务院、中央军委正式行文批复三机部，同意斯贝发动机定点在西安航空发动机厂试制生产，并批准西安航空发动机厂对外开放。

1977年11月2—12日，段子俊在北京主持召开了95个单位280人参加的轰7方案审议会。经过反复研究，决定这种新型作战飞机的动力使用斯贝发动机，采取"一机两型"的方案。这次会议以后，以斯贝发动机为动力的新作战飞机方案经中央军委批准立项，斯贝技术和斯贝发动机在沉睡多年以后终于重见阳光。中国人第一次给装斯贝发动机的飞机起了一个骄傲的名字——"飞豹"。

1973年初，三机部同六院结合。3月16日中央军委决定，经毛泽东主席批准，任命三机部副部长段子俊为第六研究院院长，空军政治部组织部原部长夏屏西为第六研究院政治委员。接着，6月8日空军党委正式批复同意六院临时党委成员，段子俊担任临时党委书记、夏屏西任党委副书记。新六院领导班子和干部职工按照国家和部的统一部署，由院领导分工负责，编制和基本完成了科研规划、发动机研制和预研规划。这些都为中国航空工业的发展奠定了基础。

1978年4月24日，中共中央电报通知：党中央批准，段子俊同志任三机部党组副书记、副部长，协助三机部新任部长吕东同志开创航空工业新局面。段子俊时年六十有五，已在副部长的岗位上工作了15年，他也是新中国航空工业创立起，在领导岗位上任职时间最长的领导人。

1978年，根据中央军委的指示，段子俊狠抓了歼7、歼8研制生产、更新换代工作。1980年3月2日，国务院、中央军委产品定型委员会批准歼8白天型飞机设计定型并转入小批生产。歼8飞机的研制成功是我国航空史上的一座丰碑。

改革开放后，研发第三代歼击机提上日程，动力又成为关键。段子俊在与部发动机局研究后，于 8 月 24 日主持召开了"太行"发动机的专题研讨会。与会专家赞同"太行"方案。在总结会上，段子俊讲了部党组的考虑和今后的做法，统一了部内的认识，最后获得邓小平同志的支持，于 1992 年正式立项研制，2006 年设计定型，实现了我国航空发动机从仿制到自主研发，从第二代到第三代（即从涡轮到涡扇）和从中等推力到大推力的三大跨越，在我国航空发动机发展史上具有里程碑式意义。

1979 年 1 月 18 日，吕东和段子俊把三机部党组贯彻十一届三中全会决定的设想向邓小平做了专门汇报，邓小平有针对性地做了指示，并再次强调抓空军装备的问题。当天，三机部党组研究即刻成立中国航空技术进出口公司，并决定加强对外工作，成立外事领导小组，由段子俊、陈少中、徐昌裕副部长组成，段子俊为组长。

1979 年 1 月 21 日，国务院根据"改革开放，政企分离"的原则，正式批准三机部成立中国航空技术进出口公司，自主经营全行业进出口与国际交流合作等业务。这一天，成为中国航空技术进出口公司的诞生日。

1981 年，段子俊同志退居二线，担任三机部顾问组副组长，继续担任部科学技术委员会主任，中航技公司副董事长，中国航空学会第三、第四届理事会党组组长。1984 年，经中央批准离休。在此期间，段子俊还主持和参与了《中国航空工业史丛书》等著作的编修工作，为后人留下了一份十分珍贵的遗产。2006 年 2 月因病逝世。

王振乾

王振乾（1914.9—2005.2），辽宁沈阳人，原第三机械工业部党组成员、副部长。1932年参加革命，同年加入共青团，1936年转入中国共产党。1933年考入东北大学。"西安事变"后，党组织委派他到东北军从事党的上层秘密工作。抗日战争时期，任八路军山东纵队政治部科长，新111师政治部副主任、主任，山东军区滨海支队政治委员兼政治部主任。参加了扬州、苏北、滨海战役，并指挥滨海支队参加创建莒、日、诸、胶边抗日根据地诸战役。解放战争时期，历任东北民主联军第一纵队政治部副主任、第七纵队政治部主任、拉法线33小组与国民党谈判的中共首席代表、辽吉军区政治部主任、四野50军政治部主任、53军政委、中南军区公安部队政治部主任。新中国成立后任中国人民解放军44军、55军政委；国防部第六研究院政委，第三机械工业部党组成员、副部长并兼任北京航空学院党委书记、第六研究院党委第一书记等职。1981年任第三机械工业部顾问。曾被授予解放东北纪念章、民主联军毛泽东奖章、解放西南胜利纪念章、华北解放纪念章、全国人民慰问人民解放军代表团纪念章、中华人民共和国一级解放勋章、二级独立自由勋章。1955年被授予中国人民解放军少将军衔。2005年2月因病在北京逝世。

王振乾少年时代受进步思想的影响，追求真理，向往光明，积极投身革命。在北平汇文中学学习期间，发动和组织青年学生参加抗日救亡运动。1933年考入东北大学后，成为东北大学抗日救亡运动的骨干，负责东北大学学生抗日救亡工作委员会的工作。"一二·九"运动期间，在中共地下党的领导下，积极组织东北大学学生请愿团南下请愿，沿途宣传、发动民众抗日救国，反对投降，扩大了抗日救亡运动的社会影响。

王振乾长期在复杂的学运和兵运斗争中积累了丰富的统战工作经验。1936年"西安事变"前，他根据党组织的指示，借陪同燕京大学著名教授顾颉刚给张学良讲学之机，向张学良面陈东北大学广大师生抗日救国的强烈愿望。"西安事变"发生后，他又前往西安做东北军的统战工作，并在东北军组建了抗日救亡先锋队第二支队，任政治指导员。后奉命赴东北军第57军组建中共地下党工委，任中共东北军57军工委委员、第111师工委"上委"书记、工委委员等职。在艰险复杂的斗争环境中，他将个人安危置之度外，与国民党反动势力巧妙周旋，进行了艰苦卓绝的斗争。他紧紧团结和依靠东北军的进步力量，在上层军官中开展统战工作，为促成该部起义做出了重要的贡献。

1948年东北解放前后，王振乾担任中国人民解放军第50军政治部主任，参与领导对长春起义部队（原国民党60军）的改造工作。通过组织整编、建立健全各级党组织、发展和壮大党员队伍、有的放矢地对官兵开展思想改造、做好上层军官的疏导教育等一系列思想政治工作，仅用一年多的时间，就将这支曾经被国民党反动势力长期控制的旧军队彻底改造成新型的人民军队。

1952—1961年王振乾在任中国人民解放军第55军政委期间，坚决贯彻执行中央军委指示，对长沙起义部队（原国民党21兵团）军官开展团结、教育、改造工作，成果卓著，受到毛泽东主席和中央军委的肯定。

王振乾在几十年的革命生涯中，曾参加过扬州、苏北、滨海战役，参加并指挥滨海支队创建莒、日、诸、胶边根据地的斗争。参加过四战四平、围困长春、三下江南、辽沈战役以及鄂西、广西剿匪等重大战役，为新中国的建立贡献了自己的力量。王振乾深入基层，调查研究，实事求是，政治工作经验丰富。他经常深入连队，几乎每个春节都和战士们在一起，密切了官兵关系。他带头到具有优良传统的红一团下连队当兵，和战士同生活同训练，促膝谈心，亲自为连队讲党史，作士兵的入党介绍人，对推动部队建设起到了很好的作用。

1961年，王振乾调入北京筹建国防部第六研究院，他率领工作组对从部队和航空工业系统划入的十几家单位逐个进行考察，并写出考察报告，为六院的组建和各研究

王振乾（右二）与六院科技人员在一起

所的发展方向及专业设置提供了第一手资料。六院成立以后，他积极推进机关和研究所干部队伍建设和思想政治工作体系的建立。他坚决贯彻落实党的知识分子政策，为蒙冤的同志"摘帽子、解疙瘩"，号召他们轻装上阵，有效地调动了广大干部和知识分子的积极性。他参与组建第一届中国航空学会的工作并兼任党组组长。

王振乾1965年任第三机械工业部副部长，在此期间他先后分管政治工作和院校工作，以及陕、甘、豫地区航空企事业单位的工作。他深入群众、调查研究，为航空工业的发展和航空院校工作的开展以及培养人才倾注了全部的精力。1974年以后，王振乾先后兼任北京航空学院党委书记、航空研究院党委第一书记。粉碎"四人帮"以后，1978年初任国防工业检查团华东分团团长，长期蹲点整顿企业。在当地省委和政府的大力支持下，拨乱反正，使一批工厂和研究所很快恢复了正常的科研、生产、工作秩序。

王振乾在任三机部顾问期间，先后担任国防科工委神剑文学艺术学会副主席和航空工业部神剑文学艺术学会主席，对航空工业及国防科技工业精神文明建设做出了重要贡献。他作为航空工业普通基础教育协会顾问，积极为航空企事业单位文化建设和基础教育事业的改革与发展献计献策。他撰写了大量回忆文稿和歌颂老一辈无产阶级革命家、歌颂航空工业蓬勃发展的诗词等，主笔撰写了《东北挺进纵队》、《长春起义纪实》、《长沙起义纪实》（已编成《湖南和平起义》电视连续剧）、《从长沙起义到二十一兵团》、《东北大学史稿》、《汇文中学史稿》、《神剑手》、《民族魂》，回忆罗荣桓元帅、陶铸和孙志远等人的文章和有关歌颂航空工业蓬勃发展的诗词等，总计300余万字，为我们留下了宝贵的精神财富和文史资料。

1982年，王振乾响应党中央关于干部革命化、年轻化、知识化、专业化的号召，主动退出领导岗位，以实际行动推动了干部"四化"方针的落实。

他离休后仍工作不休，参加了中央国家机关改革工作组政法和外交组的工作。担任中国老年历史研究会顾问、《将帅诗词》编委会顾问、第四野战军军史顾问、东北大学校友会副会长、汇文中学校友会会长、高等学校校友会海外联谊会顾问、航空工业部科学技术研究院顾问等。曾荣获全国老有所为精英奖、航空工业部颁发的"在献身航空、服务四化的伟大事业中艰苦奋斗三十年"荣誉证书，航空航天工业部先进离休干部等称号。2005年2月因病在北京逝世。

李明实

李明实（1918.3— ），山东泰安人，原第三机械工业部党组成员、副部长。1931年在泰安第三小学上学时，经党员教师介绍参加共青团，1931年加入中国共产党。"九·一八"事变后，串联泰安城9所小学成立泰安小学反日联合会并任主席，1933年被叛徒出卖，在泰安育英中学被捕，当时年仅15岁，1936年经冯玉祥先生营救出狱。1938年元旦，参加党领导的收缴菏泽民团枪支武装抗日，同年7月任抗日游击第十支队一团参谋长。1940年在北方局党校结业后转地方工作，历任范县代理县委书记，昆吾县委书记兼县大队政委，冀鲁豫二地委组织部长，冀鲁豫七地委宣传部长、地委副书记，济宁市委副书记、市委书记兼市长。新中国成立后，任山东省民政厅长、山东省政法委员会副主任、山西省委委员。1954年调转国防工业，先后任743厂厂长、党委书记，沈阳航空发动机厂党委书记，1965年任第三机械工业部党组成员、副部长。1975年7月任第七机械工业部第一研究院党委书记兼院长、部党组成员、副部长。1982年离休。

在抗日战争时期，为迎接抗战胜利壮大主力，李明实主持以县大队为骨干，动员民兵参军，组成一个完整的团送到主力部队。在任冀鲁豫二地委组织部长，冀鲁豫七地委宣传部长、地委副书记期间，贯彻中央"五四"指示，领导发动群众进行土地改革。在解放战争时期，1948年7月济宁解放，时任市委书记兼市长的李明实集中力量组织支援淮海前线，供应抢修津浦铁路所需的器材，调集大小船只、各种车辆组成万人运输大队，保证军需物资的运送。同时，在接管济宁市时保护了汉碑等文物。新中国成立后，1950年李明实任山东省民政厅长、山东省政法委员会副主任。1952年主持召开全省县长会议，国家领导十分重视，内务部长谢觉哉老人亲临指导，推动山东建政工作。

李明实1954年调转国防工业工作，先后任743厂厂长、党委书记，沈阳航空发动机厂党委书记。在743厂工作期间，该厂被评为全国红匾厂、太原市红旗厂。1960年李明实任沈阳航空发动机厂党委书记，此时正是沈阳航空发动机厂由建厂以来最困难的阶段转入稳定发展的重要时期。李明实带领工厂领导班子坚决贯彻中央"调整、巩固、充实、提高"和航空工业"质量第一"的方针，不断纠正"左"的错误，努力整顿企业、整顿质量，恢复加强了企业总工程师系统的作用，建立健全规章制度，严格工艺纪律，建立岗位责任制，并以质量管理为中心，加强技术和其他各项管理，恢复了正常的生产秩序，扭转了"大跃进"给企业造成的混乱局面。与此同时，工厂还开展了"优质高产"、"七好无故障交付"运动，对零部件质量严格把关，坚决淘汰不符合规范要求的零部件，严格了生产纪律。全厂出现了无故障交付的新气象。李明实等领导经常深入基层，了解情况，解决问题，产品质量较以前有了较大的提高。

1960年底，国防工业委员会在北京召开了国防工业三级干部会议，贺龙、聂荣臻、罗瑞卿自始至终参加并主持了会议，对国防工业特别是航空工业的质量问题提出了批评。会议决定，工厂要停止生产，进行质量整风运动。1961年1月14日，国防工委发出《关于在国防工业企业中开展整风运动的指示》，要求企业的整风以整顿领导思想作风为中心，彻底整顿产品质量，整顿基层，整顿队伍，整顿纪律。作为党委书记的李明实带领领导班子坚决贯彻这次会议精神，进行了停产整顿。首先，整顿思想。全厂从上到下严肃认真地检查了贯彻"质量第一"方针在思想上存在的问题，发动干部群众对领导思想存在的问题进行揭摆。其次，从整顿技术管理入手，强化了总工程师系统的职权，建立了厂技术攻关小组，进行"六查五定"，重新建立健全了各种规章制度，确定了"四师一长"的职责权力，并决定全厂检验机构和人员重新划归总检验师直接领导。第三，全面复查了工艺文件和工装。本着"一件一件对照"原资料的精神，校核了全部设计资料，校核了冷热工艺规程，检查了各种生产设备，补充了涡喷6发动机制造所必需的工装并鉴定了全部工装。复查工艺文件的同时，还复查了全部金属

李明实生活照

原材料、辅材料,以及已入库的毛坯和成品件,对所有零部件,对照图样逐一检查。第四,对发动机生产过程中的关键工序,都固定了设备和工人,并对所有工序进行检查,做出技术结论。对全厂技术关键问题,发动群众组织了上下道工序联合攻关。在上述全面复查、总结经验教训的基础上,制定了《工艺管理制度》、《检验管理制度》、《设备管理维修制度》等5项制度,制定了产品优质标准14条,并发动群众制定班组公约,以保证各项制度的贯彻。

1961年9月16日,中共中央颁发了《国营工业企业管理条例(草案)》(简称"工业七十条")和《关于讨论和试行国营工业企业工作条例(草案)的指示》,认真总结了我国国营工业企业管理的经验,明确规定了工业企业管理的各项基本原则。这对克服"大跃进"所造成的企业管理的混乱局面,以及贯彻执行"调整、巩固、充实、提高"的方针,具有重要的意义,对于产品质量刚刚过关,还待进一步整顿的企业来说,更是必要的。李明实带领工厂干部职工贯彻"工业七十条"和进行企业革命化试点,继续整顿提高,并在管理上有所创新,有所前进,成为航空工业的"粗样板"。通过这一阶段的整顿,广大干部和职工增强了"军品第一、质量第一"的观念,对涡喷6发动机进行有计划、有步骤的优质过关工作。一切从头做起,从图样资料、模具样板、标准样件到原材料、工装、设备等,都一丝不苟地进行复查,都要符合规定。各车间、各职能机构特别是检验机构都严格按规章制度办事。全厂各单位继续开展优质无故障交付运动，使产品质量不断提高，废品率逐渐下降。据1961年11月统计，产品合格品为99.15%，废品率下降至0.85%。实现了涡喷6发动机优质过关，完成了由亚声速向超声速过渡，成功地进行了BK型发动机与涡喷6发动机的延寿和改进改型工作，独立自主地试制成功了涡喷7发动机，彻底摆脱了对苏联的依赖。沈阳航空发动机厂，1963年优质发动机装配的某型号飞机受到中央军委的表扬；1964年优质发动机获国家新产品一等奖；1965年被树立为航空工业企业的样板厂。

1965年，李明实任第三机械工业部党组成员、副部长，1966年"文化大革命"中受迫害。1975年7月恢复工作后任第七机械工业部第一研究院党委书记兼院长、部党组成员、副部长。在此期间，设法整顿科研生产秩序，组织领导用长征二号运载火箭成功发射第一颗返回式卫星。粉碎"四人帮"后，拨乱反正，整顿科研生产秩序，团结全院同志共同战斗，狠抓远程运载火箭、潜艇水下发射和地球静止轨道通信卫星发射的任务。1980年5月18日，圆满完成了我国自行设计生产的远程运载火箭向太平洋海域首次发射的任务，大壮国威、军威，受到党和国家的重视和鼓励。他在从事国防科技事业中荣立二等功，获献身国防事业荣誉证章和航空事业创建特别荣誉奖。

1982年离休后，李明实参与筹备国防系统神剑文学艺术学会。1984年参加编写《中共冀鲁豫边区党史大事记》。同时，他建议领导结合编写党史组织文艺创作，经批准后协助领导出版一套《冀鲁豫解放区文艺丛书》、《冀鲁豫文学史料》、《冀鲁豫文学作品选》等，以利进行革命传统教育。书法作品在京、津等地展出或收入多种书画集中，有的被中国人民革命军事博物馆、朱德铜像纪念园等单位收藏。李明实的生平事迹已收入《中国现代书画界人名辞典》、《中华诗词学会人名辞典》、《中国文艺家传集》、《世界名人录·中国卷》等辞书中。李明实现为中国书法家协会会员，中华诗词学会会员，中国老年书画研究会顾问。

冯安国

冯安国（1915.6—1976.11），山西翼城人，原第三机械工业部副部长。1937年初参加牺牲救国同盟会，1939年加入中国共产党，一直在太行山区坚持抗日武装斗争。曾任连指导员、营教导员、县武装科长、武装委员会主任、县委副书记、书记等职。1945年到东北，任占榆县县长、县委书记，阜新市市长。1949年南下，任江西省九江市市长兼市委书记。1952年10月，冯安国毅然告别了十分熟悉的地方工作，奉调到洪都机械厂，先后任工厂党委副书记、基建副厂长、财务与供应副厂长、总工程师，1958年6月任厂长。1966年4月任第三机械工业部副部长，1973年4月兼任洪都机械厂党委书记，1975年12月兼任江西省国防工办副主任、航空工业局局长。1976年11月因病逝世。

1953年7月，冯安国任基建副厂长时，正值洪都机械厂恢复性修建结束，开始转入飞机制造厂基本建设，处在边修理、边基建、边试制，向整机制造过渡的重要发展时期。冯安国一方面派人协助设计院工作，另一方面深入现场，研究解决问题。凡是全面性工作和重大问题，他都要亲自听取情况介绍，与有关人员共同研究制定实施方案；对一些比较复杂的建设项目，如热处理、表面处理车间施工，他还组织业务部门人员到施工现场，听取他们对施工的意见，并请他们派人现场监督。1956年10月，洪都机械厂经国家正式鉴定验收，批准投入生产，为以后的发展奠定了物质基础。

1956年洪都机械厂建成验收后，根据上级决定承担安－2飞机的试制、生产任务。负责生产技术工作的总工程师冯安国在工厂的统一安排下，组织全厂有关干部、工人和工程技术人员，以自力更生和顽强拼搏的精神投入了安－2飞机的试制。1957年12月，提前一个季度完成了安－2飞机的试制任务。同年12月25日，《人民日报》在第一版刊登新华社消息："我国航空工业又一新的重大成就：我国自己制造的一种多种用途的民用飞机——安－2制造成功。"这是继1954年7月雅克－18之后，洪都机械厂仿制的第二个机种，也是新中国制造的第一架运输机。该飞机试制不用苏联工艺资料，而由工厂独立自主地进行整机的工艺准备工作，这说明我们的技术人员有志气、有能力。作为负责工厂生产技术的总工程师冯安国，毫不动摇地予以支持，这不仅反映了他充分信任自己技术人员和支持正确意见的科学态度，而且也体现了他勇于承担技术决策责任的胆识和气魄。

1958年初，根据航空工业局的部署，工厂接受了初教6飞机的自行设计研制任务，6月份冯安国接任了厂长职务。8月，冯安国和厂党委书记等人参加了航空工业局在沈阳召开的技术会议，勇敢地接受了自行设计研制强5超声速喷气式强击机和仿制雅克－18A的任务。1960年3月，工厂又开始仿制上游1号海防导弹。这时的洪都机械厂，正处在由仿制走向自行设计、由制造活塞发动机的飞机过渡到制造喷气发动机的飞机、由单一飞机制造到飞机与导弹并举、由单纯生产到科研生产一肩挑的转折点。冯安国作为这一时期的厂长，表现出他的远见卓识和强烈的革命事业心，在工厂获得突破性发展的阶段中，发挥了重要作用。

1958年5月，工厂开始了自行设计和试制初教6飞机的工作。冯安国和工厂其他领导人除定期听取汇报外，还经常深入试制现场，了解情况，处理问题。经过工厂广大干部、工人和工程技术人员的昼夜苦干，原型机在1958年8月27日便顺利上天。从开始详细设计到原型机上天，仅用了72天。

由于初教6总体设计对发动机选择不当，原型机未能达到原设计的技术要求，不能定型。面对这一新情况，冯安国和工厂党委毫不气馁，经过分析认为：原型机上天的事实充分说明，我们有能力进入自行设计的发展阶段。1960年，发动机问题得到解

1961年9月19日,冯安国(右二)陪同周恩来视察洪都机械厂

决,濒临夭折的初教6又获得新生。1961年2月,上级正式做出"同意初教6型机确定为初级教练机的试制机型"的决定。工厂立即展开了初教6定型机的设计改型和定型批的试制工作,于同年12月19月完成全部鉴定。1962年1月5日,国务院军工产品定型委员会正式批准设计定型和投入成批生产。该机自成批生产以来,质量一直稳定可靠,从未因飞机质量问题而发生过任何等级事故,是国内各使用部门公认的一种好飞机,因而1979年12月20日在国务院国防工办和国家经委召开的国家质量奖军工优质产品授奖大会上,荣获国家质量金质奖章。

1958年8月,工厂在接受强5飞机研制任务时,论条件是有困难的。因为洪都机械厂从未搞过喷气式飞机,又是一个初级教练机制造厂的底子。但冯安国认为:"从螺旋桨到喷气式的自行设计,是个飞跃。经验和条件都谈不上,只是想使我们厂能有所发展。凭这个思想,有困难也要干!"于是,他和工厂党委的其他成员一起,带领全厂职工于1958年9月开始仿制雅克-18A飞机,熟悉和掌握喷气式飞机的设计和制造技术,同时进行强5飞机的自行设计。1960年5月,强5原型机的试制正式开始。经过全厂职工一年多的艰苦努力,大部分工艺装备和3架飞机的80%以上零件已经完工,个别部件开始铆接装配。1961年8月,国防工业委员会北戴河工作会议根据党中央"调整、巩固、充实、提高"八字方针的精神,纠正全国"大跃进"造成国民经济比例失调的后果，做出了"自行设计的强5飞机是否试制，待观察半年后再定"的决定。这样，强5的试制任务在计划安排上就消失了。在这关键时刻，冯安国一方面服从上级的决定，另一方面在工厂党委会上明确提议，原强5铆接车间剩下的人员不再抽调，留下设计室副主任陆孝彭和技术员、工人共13人，在不影响工厂其他科研生产任务的情况下，采取"见缝插针"的办法，坚持强5试制。他的提议得到党委成员一致赞成。

在强5试制工作处于极端困难的时候，冯安国为了争取上级领导部门对强5研制工作的了解和支持，只要有上级领导来厂，都要向他们汇报强5的试制工作，并想方设法请上级领导到强5飞机的试制现场看一看。经过冯安国和其他领导的艰苦努力，1964年7月6日，罗瑞卿总参谋长批准了强5试制的报告，从而使强5的试制大大加快。1965年6月4日，我国自行设计、研制的强5第02架原型机历经7年磨难，终于首次升空试飞，并在同年12月4日由航空军工产品定型委员会鉴定，初步设计定型。以后几经改进，于1969年12月31日批准投入成批生产，大量装备部队，逐渐成为我国空军的主要攻击力量之一。从1982年起，该机开始出口，支援第三世界国家，为国家争得了荣誉。1985年10月，强5飞机荣获国家科学技术进步特等奖。

工厂转入多品种生产以后，冯安国在工厂党委的支持下，采取条（专线）、块（业务系统）相结合的管理方式。同时，他还根据工厂新产品试造一个接着一个和成批生产连绵不断的特点，强调运用"集中力量打歼灭战"的办法，使产品多而不挤，工作忙而不乱。因而，在品种最多的几年中，工厂的科研、生产也能够不断做出新的成绩，并多次受到上级表扬。

冯安国十分注重维护党委一班人的团结，每遇重大问题，从不独断专行。他对党委的决议认真贯彻执行，维护民主集中制原则，并注意发挥副职的作用。

1966年4月15日，冯安国被任命为第三机械工业部副部长。到任不久，"文化大革命"爆发，被造反派揪回工厂批斗、关押、监督劳动。1972年6月恢复工作，回到北京复任。1973年2月主动提出到基层一线兼职，同年4月兼任洪都机械厂党委书记，1975年12月兼任江西省国防工办副主任、航空工业局局长。

1976年10月，随着"四人帮"的彻底垮台，我国航空工业又迎来了阳光明媚的春天。同年11月27日，冯安国怀着激动和喜悦的心情，在参加江西省委扩大会主持国防系统小组讨论时，因病突然倒地，不幸逝世，终年61岁。

李际泰

　　李际泰（1919.1—1985.1），山东武城人，原第三机械工业部部长。1937年"七七事变"激起了他抗日救国的热情。同年10月，参加八路军129师东进纵队津浦支队。入教导队学习结业后，分配到津浦支队一营三连当文书。1938年7月加入中国共产党。抗日战争期间，先后任八路军团组织股长、营教导员和团政治处副主任等职。解放战争期间，先后任中国人民解放军团政委、师政治部主任等职。新中国成立后，先后任中国人民解放军师政委、军政治部主任、副军长，北京军区防空军副司令员，北京军区空军副司令员、司令员等职。1972年任第三机械工业部部长，1977年离职。1985年1月因病逝世。

李际泰参加板门店谈判期间留影

1938年底，津浦支队一营三连改编为八路军山东纵队特务团一营三连。1939年4月，李际泰任三连指导员，6月，参加了鲁中反"扫荡"。1940年8月，调山东纵队第二旅第四团任组织股长。翌年冬，日伪军5万余人对沂蒙山区实行"铁壁合围"式"扫荡"，李际泰在反"扫荡"中作战勇敢，工作好，团结好，爱民好，被团里评为模范干部和党员。1942年8月，调第二旅第六团任总支书记，参加了滨海部队收复甲子山区反顽军孙焕彩部三次战役。1943年3月，六团划归滨海军区，李际泰改任莒南县独立营副政委。1944年2月，调滨海主力第13团一营任教导员，他率营参加了夏季攻势。10月，任团政治处副主任，年底，入山东分局党校学习，参加整风运动。

1945年8月日本投降后，山东军区组织野战兵团，李际泰任第一师第二团政治处主任，参加了山东军民大反攻，迫使日伪军向我缴械投降。9月，一师奉命进军东北，部队改称东北人民自治军（1946年改称东北民主联军）一师，李际泰任二团政委。翌年4月，率团参加了四平保卫战。1947年又参加了夏、秋、冬季攻势。1948年1月，东北民主联军改称东北人民解放军。4月,他任第一纵队一师政治部主任,参加了辽沈战役、平津战役。一师担任攻克天津的战斗任务。1949年1月,东北一纵改为38军,一师改为112师。他继续担任师政治部主任。北平和平解放后,38军南下作战,10月,他参加了衡(阳)宝(庆)战役。

1950年4月,李际泰任38军112师政委。同年10月,参加抗美援朝,率师参加了第一至第四次战役。1951年新年攻势收复汉城后,在敌人占优势、我后勤供应中断的险恶情况下,他指挥部队顽强作战,坚持14天,掩护主力安全转移,受到中国人民志愿军总部的表扬。1953年4月任38军参谋长,后参加了板门店谈判,任红十字委员会北方组组长,负责交换战俘等工作。1954年初,李际泰任38军政治部主任,后任第一副军长兼参谋长,同年10月,他率部回国。1955年10月,被授予大校军衔。1956年1月,调任北京军区防空军副司令员。1957年6月,荣获中华人民共和国二级独立自由勋章和二级解放勋章。8月,调任北京军区空军副司令员。1961年8月,晋升为少将军衔。1968年12月,任北京军区空军司令员。

1972年3月,中央任命李际泰为第三机械工业部部长、党的核心小组组长、革委会主任。在三机部工作期间,主要抓了整顿航空产品质量,并坚持抓航空科研生产工作。

航空工业质量管理工作经历了从修理到仿制再到自主研制,在企事业单位中普遍建立了坚强有力的质量管理和检验工作体系和机制。在生产中,严格做到不合格的原材料不准投料,不合格零组件不准装配,不合格产品不准出厂。这种体制有效地保证了出厂航空产品达到设计要求和质量标准,促进了"质量第一"方针的贯彻执行。但是在"文化大革命"的冲击下,航空工业管理体制遭到严重冲击和干扰,当时企业的质量检验机构普遍被削弱,甚至被拆散,导致放松了质量检验监督,产品质量严重下降。1972年5月,国务院、中央军委发出《关于整顿国防工业产品质量和配套问题的指示》。在李际泰的主持下,三机部颁发了《关于工厂整顿产品质量工作的验收标准》,明确规定了质量思想整顿,产品质量整顿,组织机构整顿,规章制度整顿,技术基础整顿,培养技术队伍,检查、验收办法等标准,指导全行业认真开展质量整顿工作。同年11月7日—12月10日,李际泰主持召开航空工业企事业领导干部会议,传达周恩来总理、叶剑英副主席关于航空产品质量的多次指示和国务院、中央军委文件精神,颁发了会前由刚恢复工作的部、局领导干部提议起草的《航空工业企业技术管理暂行制度》,促进工厂各项技术基础和管理工作得到了一定程度的恢复和加强。各企业全面恢复了质量管理机构。李际泰多次下厂,检查质量整顿工作。在此期间,仅在陕西宝成仪表厂就连续召开了3次质量工作现场会,用宝成仪表厂联系实际抓现场质量管理的经验,动员全行业狠抓质量管理,保证航空产品的质量。

1973年12月,国务院国防工办和沈阳军区在沈阳主持验收大会,对沈阳航空发动机厂和沈阳飞机制造厂的整顿质量工作进行验收,推广了两厂的经验。1975年9月,航空工业部在保定召开质量工作会议,要求在一两年内搞好成批生产机种的质量整顿工作,明确了企业的检验工作要集中统一领导。随着整顿质量和落实干部政策工作的开展,三机部机关和企事业单位逐步恢复了管理机构和规章制度,一批领导干部和技术、管理干部陆续"站"出来工作,航空工业形势有所好转。1977年12月,李际泰离开了第三机械工业部部长岗位。1985年1月因病逝世。

吴继周

吴继周（1915.2—1990.1），江西萍乡人，原第三机械工业部党组成员。1931年到北平读高中，后进入清华大学机械工程系学习，1936年参加了中华民族先锋队，先后任民族先锋队小队长、大队长、西郊区队长（下辖清华大学、燕京大学、北平农学院三个大队），清华大学党支部书记。1937年清华大学、北京大学、南开大学建立国立长沙临时大学，吴继周进入临时大学文学院学习，1938年后任长沙市委委员、区委书记，湘鄂赣特委宣传部部长、中心县委书记、特委代理书记。1941年起吴继周先后进入延安马列学院、中央党校一部学习，并出席了中共七大。在东北工作期间，历任中共沈阳市委委员、沈阳市大东区委书记；浦河总区委（辖六个区）书记；沈、铁、抚联合县委书记兼县保安团政治委员；中共安东省第三地委、第四地委副书记兼组织部部长；辽东分局组织科科长、安东市委副书记。1949年随军南下，任江西省袁州行署专员兼中共袁州地委副书记。1951年任洪都机械厂厂长兼党委书记；1956年6月任南京航空学院院长兼党委书记；1978年任第三机械工业部党组成员，主管航空教育工作；1980年任第三机械工业部党组成员、顾问，兼任南京航空学院党委书记、院长。1983年吴继周当选第六届全国政协委员，同年4月离休。1990年1月因病逝世。

吴继周1934年8月进入清华大学机械工程系学习，并逐步成为了一名职业革命活动者。1935年参加了"一二·九"学生抗日救国运动；在担任清华大学党支部书记期间，负责清华大学党的工作，领导学生工作和抗日救亡运动，同国民党当局进行了不屈不挠的斗争。在抗日战争和解放战争时期，他深入发动群众，发展地方武装力量，同敌人进行艰苦斗争，受到上级表彰。在新中国成立前夕，他奉命着手新政权建设，领导土地改革运动。

1951年7月，吴继周转到国防工业战线，奉命组建洪都机械厂，担任厂长兼党委书记，成为新中国航空工业最早一批建设者。国防工业对于他而言，是一个全新的领域。不过，他是一个接受新事物快、有想法、有思路的人，通过自己的不断努力，和工人师傅打成了一片，在全厂有很高的威信。在他的带领下，全厂工程技术人员和广大职工于1954年成功地制造出新中国第一架飞机——初教5。为此，毛泽东主席亲自签署嘉勉信并热情称赞："……这在建立我国的飞机制造业和增强国防力量上都是一个良好的开端……" 1952年11月，吴继周任中共江西省委委员。

1956年，我国开始进入大规模的社会主义建设时期，航空工业迅速发展，一批新工厂、研究所、设计所和国家航空科学研究院相继成立。1956年4月，根据中央人民政府高等教育部的决定，南京航空工业专科学校升格为南京航空学院（简称南航），并将苏州航空工业专科学校并入该院。1956年6月8日，中央决定调吴继周担任南京航空学院院长。自此，吴继周又开始了一个新的领域——培养航空工业人才，致力于国防教育事业。

吴继周到任后，立即领导全校教师和职工投入到改制工作中去。他提出了明确的建校方针，积极筹划扩充基本建设，多方承揽人才，充实师资力量，提高教师水平，并致力于加强党的建设和干部队伍建设，使得学校各项工作取得了很大的成绩。1956年10月，经中共江苏省委批准，南京航空学院成立临时党委，吴继周任书记。在他的领导下，1957年1月学院党代会提出了建设一所新型的、现代化水平的、综合性航空学院的目标。他还十分重视学生体育课，亲自撰写文章刊登在校刊上，号召全校学生："重视体育锻炼，争取达到劳卫制各级标准，成为'三好'学生。"面对学校改制过程中的困难，他提出全校师生员工要加强团结、克服困难、树立优良校风，为胜利完成改制工作而奋斗。在吴继周的领导下，一批优秀的高级知识分子加入了中国共产党。他还注意改善知识分子的工作和生活条件，局部调整了教师宿舍，建立了"教师之家"和高级知识分子食堂，解决了他们社会活动负担过重的问题，保证他们能有5/6的时间从事科研和教学。

1957年之后，受"整风"运动、"反右"运动以及"大跃进"的影响，学校正常教育教学秩序受到了很大冲击。但就在这样的情况下，在吴继周的领导下，"南航一

吴继周生活照

号"靶机、超声速靶机、超声速冲压发动机、高空探索火箭、高磷高硫土球墨铸铁研究取得了不小的成果，NH-1三声速风洞、低空燃烧试验设备、TC型三轴液压飞行模拟试验设备、小型气动力加热模拟设备相继开始建设与研制。随之而来的是三年自然灾害，南航与其他兄弟院校一样，师生员工的健康状况下降，肝病、肺病、浮肿等疾病增加。如何让师生吃得饱、穿得暖？如何增强师生的体质？吴继周面临着严峻的考验。他与校领导班子一批人以身作则，与群众同甘共苦，把按规定拿到的副食品、"优待券"送给更需要的同志；号召全校师生员工积极行动起来，种植蔬菜600亩，其中农场500亩，发动群众在校内边缘荒置地带开垦田地100亩；组织人力到外地采购副食品；农场和食堂自己养猪种菜，增加食品供应。经过两年的奋战，学校完成各类房屋23幢，建筑面积共3万米^2，并陆续建成一批实验室。在此期间，吴继周还提出要"把南航办成第一流大学"的宏伟目标，带领全校师生员工努力拼搏，为学校将来的发展壮大奠定了坚实的基础。现在学校的主机专业基本上都是在这个时候建立的，学校也正在向特色鲜明的高水平研究型大学迈进。

"文化大革命"之初，作为学校党委书记兼院长的吴继周首当其冲，受到了冲击，被撤销了党内外一切职务，还被挂牌乘车在南京市主要闹市区游街。尽管1970年1月三机部决定将他调往湖南013基地任副主任，但仍于1971年夏，被从湖南揪回南航进行密封式隔离审查，备受种种非人待遇。

1975年9月—1978年7月，吴继周调回洪都机械厂任党委书记、革命委员会主任，他排除干扰，抓整顿，抓科研，抓生产，从整顿产品质量入手，围绕提高经济效益开展工厂的全面整顿工作，恢复生产秩序，在发展科研生产的基础上，启动改革，使工厂由生产型向生产经营型转变，力保国防装备的供应。

1978年7月，吴继周调任第三机械工业部党组成员，主管航空教育工作。他调整和加强院校领导班子建设，高起点抓规划建设并认真落实，对航空院校的长远发展起到了重要作用。1980年10月23日，中共江苏省委批复同意为吴继周彻底平反，恢复名誉。1980年9月，吴继周任第三机械工业部党组成员、顾问，兼任南京航空学院党委书记、院长。他在"文化大革命"之后学校恢复重建、人才培养、师资队伍建设以及科学研究上积极发挥自己的力量，为学校的快速发展奠定了基础。1982年10月20日，在南航30周年校庆大会上，吴继周宣布了南航的校风为"团结、俭朴、唯实、创新"。他说："从我院办学30年的经验，说明了这样一条道理：一个学校的校风是办好学校非常重要的因素，也是学校办得好不好的重要标志。"这对南航今后的人才培养以及南航学生的勤恳踏实的作风影响很大。

根据中央和上级决定，1982年12月吴继周不再兼任院长职务，1983年11月不再担任学院党委书记职务。1983年吴继周当选第六届全国政协委员，同年4月离休。1990年1月因病逝世。

李兆翔

李兆翔（1914.9—1999.9），吉林长春人，原第三机械工业部党组成员。1935年进入北京大学学习，参加了"一二·九"运动。1936年初，参加中华民族解放先锋队，1937年2月加入中国共产党，同年9月参加八路军，担任自卫军指导员、120师358旅政治指导员、组织科长，晋西北新军政治部组织科长；1942—1945年，李兆翔到延安中央党校学习。抗战胜利后任吉林军区政治部教育科科长、干部科科长、警卫团主任、独立八团政委、164师490团副政委，后调到东北航校任政治部组织科长、机务处政委。1950年5月，李兆翔任东北修理总厂厂长兼政委、沈阳航空发动机厂厂长。1952年后任第二机械工业部航空工业设计处处长，航空工业局分党组成员，二机部第二设计院第一副院长兼总工程师，二机部第四设计院院长。1960年10月，任航空工业局分党组成员，第三机械工业部生产技术司司长。1969年后任贵州航空工业基地基建后勤组组长、核心领导小组组长等职。1973年底调回部机关，任基建局局长、部党组成员、三局局长，1980年8月任第三机械工业部顾问。1982年12月离休。1999年9月因病逝世。

1950年5月，李兆翔任东北修理总厂厂长兼政委。东北修理总厂在一片废墟上经过恢复性的整修和扩建，拥有各种设备600台左右，3000多名干部和工人，建筑面积近17万米^2，初步展开了飞机、发动机修理，并开始进行少量修配件的制造，为新中国航空工业在东北地区的大规模建设奠定了物质基础，在生产上拉开了序幕。

1951年4月，中央决定重工业部设立航空工业局。空军党委根据中央决定，将东北修理总厂及其所属工厂全部移交给航空工业局。1951年6月29日，移交工作正式签字。空军代表马文、航空工业局代表陈一民、东北修理总厂代表李兆翔分别在移交表上签字，在沈阳航空发动机厂移交表上，移交人、接收人都是李兆翔，因那时李兆翔已被任命为沈阳航空发动机厂厂长。在李兆翔的带领下，克服了种种困难，1952年上半年就修理发动机324台。

1952年李兆翔被调任二机部航空工业设计处处长，1953年任二机部航空工业局分党组成员。1955年任二机部第二设计院第一副院长兼总工程师。1956年任二机部第四设计院（简称四院）院长。在担任院长期间，注意关心培养年轻的技术人员，让新参加工作的大学生搞毕业设计，积极主张苏联专家到国内来进行工程基建设计以加快设计和建设的进度，使航空工业重点企业沈阳飞机制造厂和沈阳航空发动机厂等一批单位的建设任务提前完成，同时年轻技术人员在实践中得到了锻炼，迅速成长，成为航空工业工程设计队伍中的骨干力量，为此受到中央领导的表彰。

李兆翔在四院工作的10年，正是我国社会主义经济建设突飞猛进的10年。"一五"和"二五"计划期间，航空工业和全国其他战线一样，一大批厂所需要规划和建设。这期间不仅建了飞机发动机制造厂，也建了一些辅机厂，同时也兴建了科技情报、材料、工艺和试飞等研究所。为了适应新任务，在李兆翔的领导下，四院试行了总工程师室和总设计师室，还成立了一个非实体机构的技术委员会，研究讨论技术政策、各专业技术专业方向和一些重大技术决策等问题。由于四院也属新建机构，人员构成以新人为主，所以李兆翔注重青年人的培养，一方面给他们压任务、压担子，让他们在实际工作中增长才干，一方面组织老同志讲课，以老带新的办法促使新人成长。李兆翔要求科技人员必须把学习和工作结合起来，让他们有计划地分期分批下到工厂。如：结合检查设计质量，派遣工艺人员下厂实习，摸清生产过程，收集改进设计的资料；土建和其他专业设计人员到了现场，一方面向现场工作人员解释图样，检查自己的设计质量，另一方面听取施工单位的意见，协助工厂施工，提高了设计人员的工作水平。提高科技人员工作水平的另一种途径是在院里开办业余学校，李兆翔亲任校长，各部设主任，校务由教育科负责，教员从有经验的设计员和翻译中聘请，少数教员是从大学聘请的，同时院里还开设了技术图书馆。在此基础上，李兆翔还大力提拔一些青年知识分子到领导岗位担任院科一级领导，1953年提拔7名，1957年提拔了近40

李兆翔生活照

名,极大地提高了四院的技术水平和领导力量。

1956年3月1日,李兆翔在全国基建会议上做了《我们是怎样加快设计速度的》经验介绍。由于配合苏方专家,采用两个阶段的设计和标准图重复使用设计,加强管理,调动设计人员的积极性,使设计的"一五"计划提前一年半完成。1960年10月,李兆翔任航空工业局分党组成员,分工管理基本建设,但他大部分时间仍在四院工作,直到1963年三机部成立,才正式离开四院到部生产技术司工作。

1963年李兆翔任三机部生产技术司司长。1969年调到贵州,先后任贵州航空工业基地基建后勤组组长、核心领导小组组长等职,在军管会的领导下负责科研、生产和基建后勤工作。

李兆翔是在贵州航空工业建设由第二阶段转向第三阶段的关键时刻调任的。从1965年下半年到1969年底,在4年半的时间里,是基地大规模的基本建设时期,建设了34个工厂和12个辅助项目,这个时期的特点是"对口包建、全面铺开",到1969年底整个贵航系统已经有18个工厂部分投产。李兆翔在总结第二阶段基本建设情况后,深入实际调查研究,根据上级要求和实际工作需要,又掀起了第三阶段基本建设高潮,其基本特点是"对口支援",又增建了11个辅机厂,为贵州航空工业的发展打下了坚实的基础。这样经过贵航人坚持不懈的9年努力,一个具有相当规模的航空工业基地已经建成,它也标志着基地基本建设基本结束,建设高峰即将过去,正常的科研生产活动已经开始运行。

在贵航工作期间，李兆翔认真开展调查研究，用少量的资金使基地的工作运转起来，为使生产布局相对合理，他将基地的行业调整相对集中，飞机制造厂和发动机制造厂由4个改为3个，在解决基地组建初期几百台老设备闲置积压的问题上，大胆思考、勇于创新，改变原有设备管理办法，很快使设备发挥了应有的作用，为国家节约了大量的资金。1973年底李兆翔被调回部机关，任基建局局长、部党组成员、三局局长。在进行技术引进问题上，李兆翔坚持"既要少花钱又要拿到技术"的原则，强调"要买用得上的产品"，节约使用外汇。1980年8月李兆翔任航空工业部顾问，1982年12月离休。

在离休后，李兆翔担任离休老部长党支部书记。1988年3月，李兆翔被聘为《中国航空工业基建专业史》编委会主任委员。1988年被授予"在献身航空、服务四化的伟大事业中艰苦奋斗三十年"荣誉证书。在1991年4月航空工业创建40周年时，以在"献身航空，服务四化"的伟大事业中贡献卓著，获得特别荣誉奖。1999年9月因病逝世。

吕 东

吕东（1915.7—2002.5），辽宁海城人，原第三机械工业部党组书记、部长。1935年9月考入东北大学，后转入北京大学学习。1937年6月参加中华民族解放先锋队，"七七事变"后奔赴抗日前线参加第十八集团军第一游击纵队，1937年10月加入中国共产党。1938年后任晋察冀边区行政委员会财政处印刷局局长兼银行监督，晋察冀第一公署专员、二分区地委委员，冀察行署秘书长。1945年调东北地区工作，先后任沈阳市委书记、辽宁省委委员、省委政府工作委员会副书记、省委财经委员会副书记、省政府秘书长等职。1946年任南满分局财务副书记，1947年任辽东分局财委接收敌伪资产委员会主任等职。1948年任东北行政委员会工业部副部长。1952年后任中央人民政府重工业部副部长，冶金工业部常务副部长、部长。1977年任第三机械工业部党组书记、部长，1980年任国务院机械工业委员会第一副主任、党组副书记，1982年任国家经委党组副书记、常务副主任；1984年后任国家经委主任、党组书记。1988年任中共中央财经领导小组顾问、中国工业经济协会会长。1998年后任中国工业经济联合会名誉会长。1995年8月离休，2002年5月因病在北京逝世。

1977年12月5日，中共中央决定调吕东任第三机械工业部党组书记、部长。次日，邓小平和中央军委领导人王震、罗瑞卿、张爱萍等接见了吕东和与他同时调任新职的几位国防工业部门的部长。邓小平要求他们到任后，要抓揭批"四人帮"的运动，要把各级领导班子搞好，还要结合任务，狠抓产品质量，提高管理水平和科学技术水平，切实关心职工的生活。

吕东肩负着中央的重托来到三机部。大家对他的到来寄予了很大的期望。经过初步调查了解，吕东于1978年1月5日，就主持召开了有在京单位负责人参加的三机部党组扩大会议，发动揭批"四人帮"的运动。他指出："要大治航空工业，把领导机关和企事业单位整顿好，头等重要的事就是打好揭批'四人帮'这一仗。"从2月20日起，又把运动推向京外企事业单位，号召各单位"要抓住对本单位影响深、危害大的问题，逐条揭发批判，批透'四人帮'的思想体系，把颠倒的路线是非、思想是非、理论是非彻底纠正过来。"林彪、"四人帮"对航空工业的破坏十分严重，航空产品质量严重下滑，科技水平与世界的差距越拉越大，瞎指挥、打乱仗，搞乱了航空工业的发展方向和战略布局，造成航空新老产品青黄不接，不但民航航线上没有我国自己制造的飞机，就连空海军也长期拿不到新的装备。"文化大革命"期间，周恩来、叶剑英及恢复工作后的邓小平等领导，曾经对航空工业有过多次重要指示，并于1971年和1975年对航空工业的质量和企业进行整顿，取得了一定的进展。但是，终因先后受到"四人帮"搞"批林批孔"、反"复辟回潮"和"批邓、反击右倾翻案风"等运动的干扰，而未能进行到底。广大群众经过深入揭批，认清了路线是非。在此基础上，吕东进而抓组织整顿。按照程序处理了原领导班子中与林彪反革命集团活动有牵连的人和事；调整部的领导班子，健全了航空工业的"头脑"；组织有经验的同志，成立专门小组平反了一批冤假错案。到1978年10月，部机关在"文化大革命"中被批斗和立案审查的112人都落实了政策。在企事业单位中，按100个单位统计，冤假错案涉及6233人，到1979年底已平反6137人，约占99%。同时，派出由副部长带队的工作组下厂，解决重点企业的问题。经过一系列拨乱反正的工作，促进了航空工业安定团结政治局面的形成，为进一步发展创造了条件。

航空产品的质量在"文化大革命"中遭到空前的破坏。截至1977年底吕东上任之前，已连续4年因质量问题没有完成国家计划。因此，吕东把整顿质量作为扭转航空工业局面的当务之急。从1978年2月20日到10月30日的8个月中，他连续召开了6次电话会议、两次现场会议和一次质量展览，开展全航空工业声势浩大的质量大检查。吕东反复强调，飞机在空中飞行和作战，出了故障没法停下来修理，一旦发生事故，就会危及人的生命安全，平时影响战备训练，战时影响战争胜负和国家安危。所以航空产品质量具有特殊的重要性，一定要坚持质量第一，实现优质生产，坚决同任何忽视质量的现象作斗争。吕东用很大气力着重解决当时阻碍航空产品质量提高的 3 个认识问题：航空产品质量问题严重不严重？造成问题主要是外因还是内因？整顿质量要不要一年大见成效？解决的方法是从解剖 3 起事故入手。一是直升机的旋翼桨毂折断，先后造成 3 起坠毁的一等事故；二是发动机涡轮轴折断，同样发生过 3 起一等事故；三是发动机压气机盘断裂，也造成 3 起一等事故。这 9 起事故导致多名空勤人员牺牲。何以同样的事故一而再、再而三地发生？都是因为前两次把原因推给原材料部门或使用部门，不查内因，直到第三次事故发生后才转而查自己的问题。原来造成这些事故的原因，或者是由于自己随便更改设计和工艺；或者是违反工艺规程，工艺不协调、零件超差；或者是没有吃透技术问题。通过解剖这几起严重事故，吕东告诫大家："航空产品上没有不重要的零件，产品质量上没有可以忽视的小问题，制造工艺上没有一道可以马虎的工序，细小的疏忽能够酿成重大的事故，所以航空工业职工必须树立对产品质量百分之百负责的思想。"为使质量大检查的要求落到实处，吕东还亲自带头到基层企事业单位去，一年之中几乎走遍了航空工业系统的重点工厂和研究单位，边调查边推广先进、促帮后进。在思想建设的基础上，进一步抓制度建设：恢复和健全了由厂长领导的质量检验系统；以总工程师为首的生产技术系统；切实执行各级技术责任制。通过两年大抓质量的工作，1979 年，所有企业都完成了质量指标，全行业综合废品率降到历史最低水平。空军提出了飞机使用中的 110 项质量问题，解决了 93 项，余下的也都有了解决措施。经过评定，有 4 项军品获得国家金质奖，5 项军品和 3 项民品获得国家银质奖。

  吕东在开展揭批"四人帮"运动和质量大检查的同时，着力研究航空工业的发展战略问题。在连续召开干部、专家、职工各类人员的座谈会，到基层厂所调查，同党组同志频繁讨论，在坦诚、无拘束地交换意见中，吸取众人的智慧，丰富自己的认识，逐步形成了航空工业发展战略的思想。1978 年 2 月 15 日，吕东在讨论航空工业（1978—1985）科技发展规划时提出"航空工业当前突出矛盾是质量问题，从长远看是科学研究问题"，"关键是前 8 年航空产品更新换代搞什么要确定下来"，不能"不断升级，永不定型"。他初步提出了航空工业发展的战略重点。随后又召开了一系列专家座谈会，向科研人员请教。这时适逢全国科学大会召开，邓小平强调"科学技术是生产力"，这个科学论断进一步坚定了吕东的思路。紧接着在 4 月和 6 月，吕东把调研中形成的关于航空工业发展的设想，两次向邓小平做了汇报，邓小平都给予了肯定，并着重指出：科研就是巨大的生产力，你们那里表现得特别明显。经过上下左右征求意见，1978 年 7 月，吕东主持召开了航空科学技术工作会议，明确提出：航空工业要实行科

1979年11月，吕东（左）在联邦德国参观MBB航空公司

研先行的方针，并且初步规划了飞机"更新一代、研制一代、预研一代"的目标，即：到1985年，使现有产品得到部分更新，有的机种大体达到国际20世纪70年代初期水平；研制定型几种新飞机，有的机种大体达到国际70年代的水平；"预研一代"，就是说经过一定时期的努力，研制成功接近世界先进水平的新型机种。会上确定了把航空科研分为预先研究和型号研制两大组成部分，确立了预先研究的地位和作用，并决定从科研经费中划出30%专款用于预先研究。同时积极安排了科研基础设施的建设，建立起由科学研究所、产品设计所、工厂的研究所，以及院校的科研所等四方面组成的航空科研体系。从此，航空工业开始了向重点抓科研和新机方面发展的重大转变。为了借鉴国外经验，1978年1月间，吕东率领航空工业代表团考察了联邦德国、法国、英国三国的航空工业，进一步看清了同发达国家的差距，更加激发了加快我国航空工业发展的决心。

1978年底，中共中央十一届三中全会做出了把全党工作的着重点转移到社会主义现代化建设上来的决策，吕东认识到这一转变给航空工业的发展带来了新的机遇。1979年1月18日，吕东把三机部党组贯彻十一届三中全会决定的设想向邓小平做了专门汇报。邓小平有针对性地做了指示，并再次强调抓空军装备的问题。他说："将来打起仗来，没有空军是不行的，没有制空权是不行的"，"没有制空权，敌人的飞机可以横行无阻"。吕东融合了十一届三中全会的精神和邓小平的指示，并结合国外考察情况和航空工业的实际，在1979年2月召开的航空工业企事业领导干部会上，提出用7年或稍长一些时间,航空工业在确保现有作战飞机齐装配套的基础上,抓好"更新一代、研制一代、预研一代"任务,初步改善部队和民航装备,使我国航空技术从20世纪50年代水平提高到70年代的世界水平,为航空工业现代化打下牢固的基础。

围绕实现这个目标,针对当时存在的问题,三机部提出了进行10个方面的转变:坚持科研先行,由着重抓成批生产转变为优先发展科研和新机,搞好科研生产一担挑;贯彻洋为中用的方针,由闭关自守转变为积极引进国外先进技术,提高发展的起点;充分认识航空产品质量的特殊重要性,把工作转移到质量第一的轨道上来;高度重视航空辅机(机载设备)的作用,由重主机、轻辅机转变为主机辅机并举;坚持军民结合、平战结合、军品为主、以民养军方针,由不重视民品转变为军品为主、军民并举;坚持挖潜、革新、改造方针,把航空技术由50年代水平逐步转变为70年代水平;坚持集中兵力打歼灭战方针,由分散兵力转变为统筹兼顾、综合平衡、集中兵力、确保重点;坚决按科学规律和经济规律办事,由单纯行政管理办法转变为科学的经济的管理办法;重视人才作用,由忽视人才培育转变为认真办好教育,大力培养航空科技人才;坚持政治与经济的统一,政治工作由主要抓政治运动转变为紧紧围绕现代化建设去做。

1980年2月,吕东主持了航空工业企事业单位领导干部会议,吕东把发展航空工业的战略指导方针简明地概括为"三个一代"(更新一代、研制一代、预研一代)和"三个转轨"(转到质量第一、科研先行、按经济规律办事)。尽管当时全国正在为解决林彪、江青反革命集团长期干扰破坏造成的各方面比例关系严重失调而实行"三年调整"时期,航空工业"量力而行,有所作为",仍然取得了令人鼓舞的成就。"两七(歼7Ⅱ、运7)两八(歼8、运8)"和强5改进型的机型,从1980年到1982年陆续设计定型,投入生产,装备部队,基本达到了1985年前实现"更新一代"航空装备的目标;1980年起步研制的歼7Ⅲ和歼8Ⅱ,80年代中后期也设计定型装备了部队;引进法国70年代末技术制造的直9直升机,已属于世界先进水平了。

扩大开放,改革经济管理体制,在三机部是从吕东到任之后开始的。他认为抓了质量第一,科研先行之后,如果不解决按经济规律办事这个问题,航空工业还是没有前途。过去长期沿用战争年代搞兵工厂的老办法,不讲经济效果,经费实报实销,其后果是造成劳动生产率太低。要彻底改变这种状况,办法就是改革。吕东率先提出要在"以民养军"和"以出养进"方面有所突破。经过广泛发动和精心组织,民品产值占全行业工业总产值的比重由1979年的7%上升到1985年的40%。"以出养进",是从改革外贸体制入手的,经过反复协商、计算,最后国务院同意以三机部为试点单位,试行自行出口创汇。这是国防工业部门中获得此项外贸经营自主权的第一家。这项涉及扩大开放的重大举措,极大地调动了航空工业出口创汇的积极性,从1979年到1981年的3年中,累计出口成交8亿美元,收汇2.67亿美元,使航空工业发展得到外贸、外汇的支持。随后,吕东又研究扩大企业自主权的问题。积极向国务院综合部门建议并得到采纳,1980年2月,国家财政部颁发了《关于军工各部实行利润上交、超额留用的办法》,着手改革军工部门统收统支的管理体制。国家对三机部实行了利润包干、超额留用、一定6年不变(1980—1985年)的办法。这些改革,调动了企业广开生产门路、增大经济效益的积极性。1980年在军品产值大幅度下降、全行业工业产值比1979年下降6%的情况下,实现利润反比1979年增加84%。

吕东是中共中央顾问委员会委员;中共第十二、第十三次全国代表大会代表,第十四次全国代表大会特邀代表,第十五次全国代表大会列席代表;中国人民政治协商会议第四届全国委员会委员,第五、第六届全国政协常务委员会委员。2002年5月因病在北京逝世。

朱涤新

朱涤新（1910.12—2002.1），湖北阳新人，原第三机械工业部党组成员、副部长。1927年3月在阳新县龙港镇参加革命，1929年3月加入共青团，1930年5月转为共产党员。1930年3月参加中国工农红军。土地革命战争时期，历任阳新县湖市区农民协会赤卫队队员、红五军五纵队二大队文书、红三师8团机枪连政治指导员、红三军团6师16团特派员、六师师部特派员、红一军团政治部保卫部部长。抗日战争时期，历任115师政治部保卫部部长、鲁西军区政治部主任、苏鲁豫支队政委、115师教一旅政委、新四军3师7旅政委。1943年3月赴延安中央党校一部学习，后任中央党校干部科科长。1945年作为代表参加了中共第七次全国代表大会。解放战争时期，历任东北民主联军热辽纵队政委、黑龙江军区政治部主任、嫩江军区司令员兼政委。全国解放以后，任中南军政委员会委员、武汉市人民政府副市长、武汉市警备区副司令员兼武汉市公安总局局长、最高人民检察署中南分署检察长、中南公安局副局长、湖北省人民政府副主席、第二机械工业部副部长、第一机械工业部副部长、中央监委驻第三机械工业部监察组组长、第三机械工业部副部长、航空工业部顾问。1956—1957年进中央党校研究班学习。1956年9月作为代表参加了中共第八次全国代表大会，并当选为中央监察委员会候补委员。1999年6月离休。2002年1月因病逝世。

1996年10月4日朱育理看望朱涤新（左），两人谈论航空工业的发展前景

朱涤新在长期的革命战争中，不管斗争环境多么恶劣，始终信念坚定，作战英勇顽强，不怕牺牲，指挥果断。土地革命战争时期，他参加了中央苏区革命根据地的四次反"围剿"斗争和二万五千里长征。到达陕北后，参加了直罗镇、东征和西征战役及瓦窑堡战斗。抗日战争时期，他率领部队参加了平型关、陆房突围、梁山黄桥、盐城等战役，参加了开辟皖东北和苏北抗日根据地的斗争，发动和组织群众，壮大人民武装，沉重打击日伪，粉碎国民党顽固派军队的挑衅进攻。解放战争时期，参加过解放四平、长春、鼓山和辽沈战役。他经历了无数次的战斗，负过伤，为中华人民共和国的建立做出了重要贡献。

新中国成立初期，朱涤新在湖北省武汉市公安战线工作，在对敌斗争、打击犯罪、治安管理、法制建设、执法监督、队伍建设和群众治保工作等方面，做了大量开拓性的富有成效的组织领导工作。他带领广大公安干警开展了"缉私"、"挖潜反特"、"镇压反革命"、"清匪反霸"、"禁烟禁毒"、"取缔反动会道门"和"取缔娼妓"等一系列专项斗争，并协助配合有关方面进行了"土地改革"、"民主改革"、"三反"、"五反"等社会政治运动。为彻底摧毁国民党反动残余势力，有力打击各种违法犯罪活动，荡涤旧社会遗留的污泥浊水，为保卫社会主义革命和建设事业的顺利进行，巩固新生的人民民主专政做出了重要贡献。

1955年朱涤新任第二机械工业部副部长，参加组建二机部工作，他主管干部组织工作，负责配备各级领导班子，为国防科技工业系统干部队伍建设付出了心血。

1964年，朱涤新任中共中央监察委员会候补委员、驻第三机械工业部监察组组长。他工作作风严谨、实事求是、刚直不阿、不徇私情，严格执行党的监察工作的方针政策，为保持党的干部队伍的纯洁做了大量工作。由于他工作细致认真，常把问题解决在萌芽状态中，并耐心做思想工作，说服教育，挽救了一些犯错误的干部，为航空工业的监察工作做出了贡献。

"文化大革命"中，朱涤新受到迫害，但他仍保持坚定的共产主义信念和革命的乐观主义精神，不屈不挠，忍辱负重，坚持真理，立场坚定。

1978年朱涤新恢复工作后，正确认真地贯彻党中央拨乱反正的方针政策，为航空工业开创新局面做出了重要贡献。他坚持党的干部政策，为大批在"文化大革命"中受迫害的干部、群众平反，夜以继日地工作，常在家中接待上访人员。他平易近人、公正廉洁，在广大干部和群众中有很高的威望。他深入基层，曾先后赴东北、湖南、河南、湖北、江西等地实地考察部属工厂生产情况，考核干部，配备领导班子。

1981年，朱涤新响应党的关于干部革命化、年轻化、知识化、专业化（简称"四化"）的方针，主动退出领导岗位，以实际行动推动了干部"四化"方针的落实。

朱涤新历任第二、第三、第四、第五、第六、第七届全国政协委员。在退出一线后，不顾年老体弱，仍关心党和国家的政治形势和经济发展，积极参政议政。认真阅读群众来信，并向有关方面提供信息和可行的建议。参加全国政协组织的视察活动，先后赴福建、广东、湖北、江西、天津等地视察工作，他十分关心国防工业及地方工业的发展，多次写出了有关提案，为社会主义现代化建设事业尽心尽力。

朱涤新离休后，作为我国航空工业建设开拓者，仍非常关心航空工业的建设和企业的发展，嘱咐工作人员定期把报纸和相关的材料送去，认真阅读。他坚持全心全意为人民服务的宗旨，无私无畏、克己奉公、清正廉洁、心怀坦荡、为人正直、实事求是、作风民主、平易近人，深受航空工业广大干部与职工的尊敬。2002年1月因病逝世。

肖友明

肖友明（1916.4— ），湖南攸县人，原航空工业部副部长。1930年12月参加中国工农红军，同年加入中国共产主义青年团，1932年转入中国共产党。1930年12月—1932年5月任湘赣区攸县团委书记及中共攸县县委常委等职，1932年9月—1933年4月任中共攸县县委书记。1933年5月—1934年8月任湘赣苏区团省委巡视员。1934年8月—1935年7月任湘鄂川黔团省委巡视员。1935年8月—1936年6月任红六军团工作团主任。1936年7月任红六军团政治部青年科长。参加了举世闻名的二万五千里长征。解放战争期间，先后任旅政委、师政委。新中国成立后，先后任师政委、军区空军政治部副主任、主任等职。1964年奉调到第三机械工业部任政治部主任，1978年任第三机械工业部副部长，1982年任航空工业部顾问。1964年初，经周恩来总理签署命令，晋升肖友明为中国人民解放军少将军衔。他曾获二级八一勋章、二级独立自由勋章和二级解放勋章。他还是第三、第五届全国人民代表大会代表。

肖友明生活照

1937年7月，抗日战争爆发后，红六军团改编为国民革命军第八路军第120师第359旅，肖友明先后任359旅719团民运干事、股长。在1937年底，由于359旅兵力不足，他奉上级命令与战友们一起到山西侯马、运城等地区，用不到一个月的时间完成扩军3000多人的任务，于1938年初组建了当时著名的"侯马团"，为八路军坚持抗战增添了有生力量。1939年1月—1940年初，肖友明任359旅719团营教导员，1940年任绥德警备区政治组织科长，1941年12月任359旅直属政治处主任，1942年10月任359旅719团政治处主任。1944年秋，党中央决定，由359旅组成南下支队，远征湘粤，开辟华南抗日根据地。肖友明于1944年11月任南下支队三大队政治处主任。1945年9月任359旅特务团团长、政委。

1946年11月，肖友明奉命与战友们一起到山东扩军，很快就招收了新战士1万余人，迅速组建了渤海教导旅。肖友明于1946年12月任该旅团政委。1947年底，渤海教导旅开赴西北战场，重新命名为独立六旅，编入第二纵队序列，肖友明任二纵6旅17团政委。1949年秋，任第一野战军二军六师政治部主任。

1950年4月—1951年9月，肖友明任二军六师副政委。1951年10月—1955年9月，他被送到中央马列学院学习。1955年10月—1957年6月，肖友明任中国人民解放军防空军第一师政委，1957年7月—1959年3月任空军高炮109师政委，长期担负武汉、广州、汕头等要地的防空任务，为打击美蒋敌机的骚扰和破坏、保卫祖国领空安全做出了贡献。

1959年4月—1964年7月，肖友明任武汉军区空军政治部副主任、主任。在此期间，为了加强部队思想政治工作，他经常深入基层连队和机场哨所，与官兵们一起，为军队现代化建设贡献了力量。

1964年8月，肖友明奉毛泽东主席和党中央命令，调任三机部政治部主任，从保卫祖国的第一线转入国防工业战线。他能较快适应从军队到地方工作的新环境，为航空工业的思想政治工作和队伍建设，付出了自己的心血和劳动。当时，航空工业从上到下成立了政治部和基层政治工作机构。20世纪60年代中期，航空工业开展了空前规模的三线建设，大批干部职工要离开自己亲手建设的工厂、岗位和熟悉的亲友，离开条件优越的大中城市，到穷山僻壤、进山进洞，去创建新的事业，这既是一项艰巨的物质建设任务，又是一项重大的思想政治建设任务。肖友明针对实际情况，要求各搬迁单位和承建单位，要深入动员，做好思想政治工作，让广大干部职工坚定革命理想，自觉遵守工作纪律，为完成三线建设任务提供了保证。

1965年2月，航空工业召开了首届全行业政治工作会议，讨论了关于社会主义教育运动、革命化和大力加强经常性思想政治工作等问题，第三机械工业部部长孙志远、副部长刘鼎做了工作报告，肖友明做了会议总结。毛泽东主席等党和国家领导人亲切接见了与会代表，并与会议代表合影留念。为了这次会议的顺利召开，肖友明带领政治部一班人做了大量的调查研究工作，提出了切实可行的加强思想政治工作的措施和方法。

在"文化大革命"中，肖友明多次受到冲击，在那十分困难、复杂的环境里，他始终坚信党，坚信人民，坚持了一个共产党员的信念操守。

1978年4月—1982年11月，肖友明恢复工作后，先后任第三机械工业部副部长、顾问等职，他不顾年逾六旬，经常奔波在工厂和基层，为振兴航空工业而努力。1982年12月离休。

张良诚

张良诚（1920.3—1983.8），四川宣汉人，原第三机械工业部党组成员、副部长。1933年在原籍参加中国工农红军第四方面军，1935年在西康加入中国共产主义青年团，1937年8月在甘肃庆阳红大步兵学校转为中国共产党党员。土地革命时期，在红四方面军任通讯员、警卫员，红大步兵学校学员、教员。参加了举世闻名的二万五千里长征。抗日战争时期，在八路军总部随营学校任测绘、军事教员，教育干事；抗大一分校教导队队长，冀东司令部作战科长，太行11旅31团营教导员，赞黄独立团副政委；参加了著名的百团大战。解放战争时期，任太行一分区34团团政委、九纵75团团政委、15军45师政治部副主任。中华人民共和国成立后，1950年调到中央人民政府政务院工作，历任总务处副处长、人事处处长、政务院机关党委书记。1953年调国防工业部门工作，历任第一机械工业部和第二机械工业部干部司副司长，第三机械工业部干部司司长，新第三机械工业部政治部干部部部长。1978年任第三机械工业部党组成员、副部长。1982年退居二线，任第三机械工业部顾问。1983年8月因病逝世。

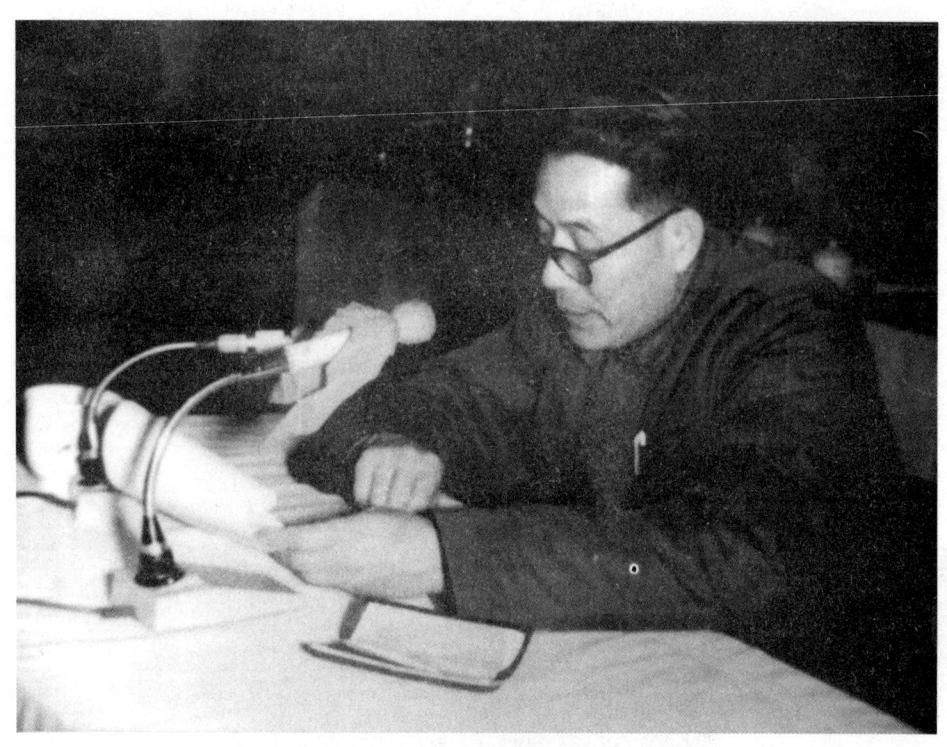

张良诚工作照

张良诚在少年时代就加入中国工农红军,参加过举世闻名的二万五千里长征。在抗日战争时期,他坚决执行党关于建立根据地、坚持武装斗争的方针,参加了建立冀东游击队的工作,积极发展地方武装力量,不断扩大根据地,不怕困难,不畏艰险,日日夜夜战斗在最前线,为抗日战争的胜利做出了贡献。在解放战争时期,他随刘(伯承)、邓(小平)大军挥戈战场,参加平汉、安阳、博爱战役;强渡黄河后,参加了解放伊川、内乡、郑州的战斗和淮海战役;横渡长江后,参加了解放江西、广东、广西和云南的战役,为全国的解放立下了战功。在社会主义革命和社会主义建设中,张良诚认真贯彻执行党的方针、政策,坚决拥护党的十一届三中全会确定的思想路线、政治路线和组织路线,在揭批林彪、江青反革命集团罪行中,立场坚定,旗帜鲜明,积极落实党的干部政策,坚决平反冤、假、错案,为拨乱反正做了大量的组织工作。

几十年来,张良诚始终保持党的优良传统和作风,保持极大的革命热情,兢兢业业,艰苦朴素,廉洁奉公,作风正派,平易近人,关心群众。他在担任政务院机关人事处长和党委书记期间,工作十分繁杂,范围较宽,但他认真负责,勤勤恳恳地把工作做好。他动过多次大手术,体质很差,特别是1968年就已经发现肝硬变,仍然坚持工作,忠心耿耿地为人民服务,为国防工业干部队伍的建设、为航空工业的发展和建设做出了贡献。

张良诚是在全党工作重心转移到社会主义现代化建设上来的 1978 年担任第三机械工业部副部长和党组成员的。1979 年，第三机械工业部根据中共中央十一届三中全会和全国科学大会精神，以及国家对航空工业的要求，在系统清理"文化大革命"错误影响、初步整顿的基础上，提出了"科研先行、质量第一"和按经济规律办事的方针，拟订了航空武器装备"更新一代、研制一代、预研一代"的奋斗目标，同时开始了外贸体制的改革。在这一系列工作中，张良诚都很积极参与并为之倾注了极大的精力。航空工业也是"文化大革命"的重灾区，1978 年全行业集中、深入地开展了揭批"四人帮"，全面清查"四人帮"帮派体系和流毒，张良诚作为副部长，在这项工作中做了大量的工作，平反了大量的冤、假、错案，调整了企事业单位的领导班子，落实知识分子政策，有效地整顿了生产科研秩序，促进了航空工业健康发展。

张良诚 1982 年退居二线，1983 年 8 月因病逝世。

陈少中

　　陈少中（1921.9—2008.12），四川犍为人，原第三机械工业部党组成员、副部长。1938年3月加入中国共产党。1939年到延安中央组织部训练班、中央马列学院学习。后历任延安军委参谋部一局参谋、副科长，延安中央情报部军事情报室第二组组长。1942—1946年历任晋绥军区三军分区司令部秘书，晋绥独立二旅司令部联络科科长。1946年后历任吉林省吉北地委城工部部长，长春市工委武装部部长，长春市人民政府建设局、工业局局长。1951年1月任东北军区空军工程部副部长。1952年6月—1953年7月，历任第二机械工业部航空工业局处长、副局长。1953年8月—1954年6月，任沈阳飞机制造厂副厂长兼总工程师。1954年7月起，历任第二机械工业部航空工业局副局长，第三机械工业部第三生产技术司司长、技术局局长。1978年4月任第三机械工业部党组成员、副部长。1982年6月离休，2008年12月因病逝世。

在抗美援朝的艰苦时期，陈少中从地方调到部队，任东北军区空军工程部副部长。1952年调到新成立的第二机械工业部航空工业局任处长、副局长。陈少中成为航空工业局领导人之一后不久，就主动请缨到当时正在建设中的沈阳飞机制造厂任副厂长兼总工程师。他认识到自己虽然在地方担任过建设局长和工业局长，在部队也担任过空军工程部的领导，但没有亲自指挥过生产现代化飞机的大厂。因此来到沈阳飞机制造厂后，他首先注重调查研究，在厂部办公室几乎找不到他的身影。除了开厂部例会，其他时间都深入基层，了解生产情况，解决现场实际问题。在沈阳飞机制造厂一年多时间里，他懂得和熟悉了作战飞机的修理和新机试制的特点和规律，亲自实践和体验了工厂总师系统整套生产技术管理体制和技术责任制，也让他认识到辅机制造配套的迫切性以及辅机在主机制造中的重要作用。

1954年7月，根据航空工业建设形势的需要，上级决定陈少中返回航空工业领导岗位，分管航空工业辅机工作。当时辅机满足不了主机配套需求的矛盾十分突出。为解决这一矛盾，陈少中除向上级建议在"二五"期间加速辅机生产能力的建设，使之尽快与主机能力相适应以外，还从实际出发，运用中央在其他工业所执行的"两条腿走路"方针，充分利用一切可能条件与资源，采取有效措施，增加扩大辅机生产能力，加快新品试制和建新厂的生产准备工作。

陈少中在抓一些小企业改造和改制的同时，狠抓在陕西的西安航空发动机附件厂等五家属于国家156项骨干企业的建设，花了很大的精力，狠抓了这些工厂的技术改造工作。他经常亲自到现场调查研究，听取汇报，研究问题，解决问题，拍板定案。在这些工厂的技术改造、扩建过程中，他走群众路线，注意听取多方意见，不仅自己深入现场，还带领局里有关业务处的工作人员和所在厂的主要领导一起查看，共同讨论问题，解决问题。经过两年的努力，终于使这些原本条件很差的小厂迅速成长，逐步具备了生产当时急需的部分航空产品的能力。

从1955年起至1956年底，这些厂的新品试制也取得了明显的进展与效果。天津电工厂试制成三类五种航空产品，太原大行仪表厂试制成磁罗盘和空速管，119厂试制成转速表及其发电机式传感器；新乡飞机附件厂试制成液压阀。由于陕西的几家骨干企业建设较快，生产准备工作抓得较早，这些厂在1956年底就陆续顺利地投入生产。这样，辅机行业的仪表、电气、附件、救生等四大类工厂初步形成。在此基础上，使原来辅机满足不了主机配套需求的突出矛盾有所缓解，两者生产能力的差距也逐步缩小。

"二五"期间，航空工业开始试制新型歼击机、中型轰炸机、教练机和农用飞机等新飞机。由于辅机产品的多种学科、多种技术、多种门类，比起主机来，应该说更细、更精、更复杂。因而，他懂得建设辅机行业，不单是建几家厂，而是要建一批厂。在筹建过程中，特别是在当时我国工业基础比较薄弱的情况下，必须采取多条渠道、多

陈少中（右）1986年在首架MD-82机身铆接成功庆贺大会上讲话

种手段、多项措施加以解决。在陈少中主持航空辅机行业工作的8年内，经过新建一批、改扩建一批、接收地方厂改造一批、拓展一批、转产一批，使辅机行业生产能力在较短的时间内有了很大提高。产品逐步形成系统，元器件形成系列，辅机的36个专业形成了仪表、电气、附件和弹射救生器四大类，基本形成了生产规模，为主机的"齐装配套"创造了技术、物质基础，试制、生产了1200多项产品，基本满足了主机的配套要求。

陈少中在机关分管的生产技术部门中，知识分子比较集中，他尊重知识，尊重人才，十分重视贯彻执行党的知识分子政策。当时，机关有一批大学毕业的年轻技术干部，他主张放手使用，让他们去闯去干，在实践中积累经验，增长才干，迅速成长。他主持任命了一批主管工程师和工艺师，不仅改进了机关业务处的工作责任制，也改进了机关对基层工厂的服务，受到工厂的欢迎。后来这批年轻的技术干部不少人都成为机关生产技术部门的领导骨干。

1958年"大跃进"，辅机行业的技术基础工作与质量管理受到了很大的冲击，产品出现了质量问题。陈少中在1959年西安的质量会议上，组织制定了5套《技术质量管理制度》，以期改变产品质量下滑的局面。在他的推动下，拖了两年没有下发的《技术质量管理制度》，终于在1961年5月颁发到工厂贯彻执行。这不仅对整顿当时工厂管理混乱起了重要作用，而且成为以后工厂技术质量管理的根本制度。

1963年下半年，有些辅机工厂整顿质量工作出现松懈苗头，陈少中及时发现南京航空附件厂抓整顿质量工作的好经验：一是班组建设抓得好，总结出"班组上班十件事"；二是坚持经常性质量教育，做到了"大事敲钟，小事敲锣，无事敲木鱼"。由于质量天天讲，人人重视质量问题，该厂整顿质量工作30个月以来，没有发生过质量问题。陈少中组织机关干部把该厂的经验向辅机行业宣传推广，使全行业的整顿质量工作得到进一步的深化和巩固。

陈少中非常重视基础技术研究工作。他组织机关和基层单位对飞机的气动、结构、试飞和发动机、机载设备的测试技术进行调研，并于1977年在西安召开了航空工业第一次测试技术大会，制定了航空测试技术发展规划，确定成立测试技术公司（后改为科技公司），并分工航空测试设备厂、北京教学仪器厂、三机部精密所和计量检定所等单位承担测试技术研究工作，大力推动了航空测试技术的进步。

1978年3月18日，举世瞩目的第一次全国科学大会召开，陈少中和徐昌裕同志作为三机部的领导，率团参加了这次大会。

全国科学大会之后，陈少中和徐昌裕同志立即开始筹备召开三机部科学大会。1978年7月召开了著名的天津会议。吕东部长代表党组提出了航空工业发展"三个一代"即"生产一代，研制一代，预研一代"的发展战略和"预研先行"的原则，并提出预研的费用应占总费用的1/3。并就"三个一代"和"预研先行"的具体内容进行了逐项落实。当时启动的ACT、高推比、电子综合、CAD/CAM及复合材料等一批关键技术预研项目，为航空工业新机研制和提高自主创新能力打下了良好的基础。

十一届三中全会以后，陈少中坚决贯彻执行党中央关于改革开放的英明决策，在部党组的统一部署下，他作为外事领导小组常务副组长和分管外事的副部长，具体策划、推动了中国航空技术进出口公司的创建，及其沿海分支机构的开辟、海外代表机构的设置。他直接指导中航技和有关工厂切实完成了包括直升机升级换代和民用客机国际合作生产及斯贝发动机在内的一系列重大引进项目。具体组织推动了军用飞机的连续批量出口，还以转包生产方式，化整为零地、有计划地向国外出口民用航空零部件，形成稳定的创汇渠道，并实现与国际产业链接轨，争取参与国际合作开发航空新产品；在非航空民用产品的对外引进和出口以及国际工程承包工作方面，推动全行业取得了明显的成绩。陈少中作为主管领导不遗余力地推动航空工业的对外开放，是当之无愧的航空工业对外开放事业的开创者之一。

1982年，为响应党中央关于干部年轻化的要求，陈少中主动要求退出领导岗位，1982年6月离休。2008年12月因病逝世。

王其恭

王其恭（1923.8—2011.3），山东长岛人，原第三机械工业部党组成员、副部长。1938年参加革命，1939年参加中国共产党，任中共胶东区党委职工部干事。1940年任胶东区党委党校秘书主任、支部书记、秘书科长。1947年任中共蓬莱县委副书记、书记，参加领导该县土改复查、战争支前、生产救灾等工作，一次动员1000余人参军等。1949年任中共胶东区北海地委宣传部长。1950年6月任中央山东分局机关党委副书记、书记，山东省政府机关党委书记、省级机关总党委副书记。1954年任沈阳飞机制造厂党委副书记、书记。1965年任第三机械工业部驻贵州办事处主任兼党委书记，1973年任贵州航空工业基地主任，1974年任贵州061基地党的核心组长。1976年任第三机械工业部航空研究院党委第三书记，1978年4月任第三机械工业部副部长、党组成员兼航空研究院第二书记，1980年8月任部党组副书记，1984年起担任航空工业职工思想政治工作研究会会长，1985年任航空工业部特邀顾问，1990年10月离休，2011年3月因病在北京逝世。

1954年，王其恭主动写信给山东分局组织部要求参加重点建设，同年6月被分配到沈阳飞机制造厂，任党委副书记，1964年2月任党委书记。在沈阳飞机制造厂工作期间，王其恭努力学习文化及生产技术。他响应党的号召，一是积极参加航空工业及航空常识方面的讲座，学习有关的资料；二是积极参加夜大（后改为业余学院）学习，学习成绩优秀；三是向工人、技术人员、基层干部及同级的生产技术干部学习，不耻下问，走遍全厂生产车间，熟悉生产过程。他的体会是：作为工厂党的领导干部不一定要求成为专家，但工业的基本常识、基本规律必须掌握，这是不至于瞎指挥的前提条件。在全厂的学文化、学生产技术的热潮中，王其恭起到了带头作用。

王其恭任党委副书记期间分工主管政治工作，他积极支持、维护厂长的生产指挥权，开展生动活泼的思想政治工作，并帮助工会组织劳动竞赛，推行"两参一改三结合"等。当"大跃进"给航空工业特别是沈阳飞机制造厂带来很大的挫折和损失，产品质量下降，中共中央和国务院及部局决定进行质量整顿时，他认真贯彻中央有关方针政策，不断总结经验教训，探索航空工业生产技术的规律，在优质过关中提出确定质量整顿验收标准的建议。工厂据此制定了《十条开工标准》，对质量整顿起了很好的作用。他任党委书记时体会到党委要抓大事、抓关键、抓全局，要有预见，要看几步棋。1963年，王其恭通过调查研究，认为工厂经过三年的调整、整顿，基本上清除了"大跃进"带来的消极影响，生产和管理走上正轨，产品质量上升，歼6飞机实现优质过关，转入成批生产，完全可以"吃一堑，长一智"，继续前进有所作为，为此他提出1964年的奋斗目标——"月超十，年超百，争一百，超二百"，即月产歼6飞机超10架，红旗导弹超10枚；年产歼6飞机超百架，红旗导弹超百枚；对工人的要求是产品优良率争取达到百分之百；工时定额每人每月超200小时。这个目标在工厂第五届党代会上得到了广泛认同，1964年，沈阳飞机制造厂胜利完成了这个目标。

三线建设在1964年成为建设的重点。当年10月，根据国家经济建设和国防建设立足于战争的方针，三机部决定把大后方成都的成都飞机制造厂开辟为歼7飞机新的生产基地。1965年，中央再次决定在大后方贵州省开辟另一个生产歼7飞机的基地——011基地，以形成三个单位同时生产歼7飞机的强大局面。为更快更好地在贵州建成歼7生产线，三机部决定调王其恭到011基地，筹建歼7飞机新的生产线。

1965年5月，王其恭调任三机部驻贵州办事处主任，省委任命王其恭为贵州办事处党委书记，主持航空工业最大的三线建设。他率领从航空工业一、二线调来的建设者，集中兵力打歼灭战，到1966年底完成了三厂一库的基本建设，并为以后的企业基本建设做了必要的准备。

1965年3—5月，三机部根据第7选厂组的报告和国务院国防工办的指示，成立了三机部贵州地区厂址复勘定点工作组，对贵州地区踏勘初选的厂址进行了复勘定点。

1964年王其恭（左一）向朱德、董必武等中央领导汇报工作

王其恭以第一小组（飞机专业）组长的身份，负责镇宁、普定、安顺方向的复勘定点选厂工作。这次复勘定点选厂工作采取了一些行之有效的做法，一是分组选点，定期碰头；二是采取"三结合"选点，即听取地方干部介绍、看地图、现场踏勘和调整；三是高速度地跑，多看一些情况和地方，尽可能找到理想的各方面条件兼备的地点；四是了解情况上下结合，以下为主，收集资料以"活"为主；五是山区选厂，水源第一。经过一个多月的努力，使定点工作取得有效成果。

1965年下半年，随着三线建设方案的基本确定，作为三机部贵州地区办事处主任和党委书记的王其恭又投入到繁杂的老厂搬迁和新厂建设中。到年底，三机部四院、三勘仅用半年时间就完成了22个项目的测量、18个项目的工程地质初探，并对23个项目提出了报告、12个项目进行了初步设计、11个项目出了施工图，为基本建设全面铺开做好了充分准备。

1965年底，孙志远部长问王其恭贵州什么时间出飞机，据此王其恭组织基地有关部门经调查分析提出力争1968年底出飞机的目标。为实现这一目标，基地的基本建设规划紧密地服从这一目标，进行规划调整，报部批准。但由于"文化大革命"的干扰，原来的生产准备全部报废，需要从头再来。1967年三机部把贵州的机型从歼7改为歼6Ⅲ，经过努力成为1970年生产出飞机。由于"文化大革命"的干扰破坏，基地领导几经变化，王其恭在"文化大革命"中被夺权，直至1969年9月军管后任军管会核心组成员兼生产组长，负责抓歼6Ⅲ的试制，到1970年9月首飞。

1973年9月，王其恭任贵州航空工业基地主任，1974年3月调任贵州061基地党的核心组长，1976年10月调任三机部航空研究院党委第三书记，1978年4月调任三机部副部长、党组成员兼航空研究院第二书记，1980年8月任部党组副书记。1984年起担任航空工业职工思想政治工作研究会会长。

1982年初，三机部根据中共中央、国务院《关于国营工业企业进行全面整顿的决定》做出部署，并确定把事业单位的整顿同企业单位同时安排，把部机关的整顿建设同企事业单位结合进行，王其恭出任企事业单位整顿领导小组组长，先在成都飞机制造厂、沈阳飞机制造厂等4个单位试点，他带队在成都飞机制造厂蹲点前后约一年时间，整顿取得显著成效。然后由点到面，点面结合，经过3年整顿，全行业企事业单位逐一验收合格，为航空工业进一步改革发展打下了基础。

王其恭在其任内分管政工、干部、办公厅、计劳财及基建等项工作，根据中央关于干部要革命化、年轻化、知识化、专业化的指示，从1982年到1985年对各企事业单位的领导班子进行了调整；通过开展强有力的政治工作，使各企事业单位的政治工作有所加强。

1985年王其恭任航空工业部特邀顾问，1990年10月离休。1991年航空工业创建40周年时被授予特别荣誉奖。2011年3月因病在北京逝世。

徐昌裕

　　徐昌裕（1914.3—2003.12），江苏吴江人，原第三机械工业部党组成员、副部长。1934年在上海交通大学加入中共外围组织；1938年到延安在陕北公学学习，并加入中国共产党。1938年后历任中共中央军委军工局安塞茶坊机器厂训练班主任、生产管理组组长，延长石油厂工务科科长、生产管理科科长、技术协理员等职。1946年后任张家口晋察冀军区航空站修理厂厂长，东北东安民主联军航空学校修理厂厂长、航空学校机务处副处长兼飞机修理厂厂长，空军工程部修理处处长、部党委委员；1951年任重工业部航空工业局生产管理处处长，局党组成员，第二机械工业部航空工业局副局长；1963年任第三机械工业部第一生产技术司司长，第六研究院副院长等职。1970年任沈阳飞机制造厂革委会副主任，1973年4月任第三机械工业部第六研究院副院长；1978年4月任第三机械工业部党组成员、副部长并兼任第六研究院院长。1982年任航空工业部顾问，1985年离休。2003年12月因病在北京逝世。

徐昌裕于1951年4月重工业部航空工业局成立时随同空军所属的16个修理工厂、机器设备以及一大批技术干部和工人转到该局，并担任生产管理处处长。1952年航空工业局划归二机部，他被任命为主管飞机生产技术的副局长。1963年任三机部第一生产技术司司长。在航空工业建立初期，物质、技术基础薄弱，抗美援朝的飞机修理任务紧急而又繁重，困难很多，新调进的大批干部和工人都不懂飞机修理技术。徐昌裕面对现实，积极推动各飞机工厂采取多种形式，认真组织职工边干边学，并掀起学技术、学管理、学文化的热潮，他自己也以身作则，带头学习俄语，钻研苏联飞机技术，特别是喷气式飞机的结构特点、制造工艺和管理方法，从而使工厂迅速掌握和提高了修理技术和管理水平。他还有意识地安排试制拟仿制机种的一些零部件，既解决了零备件供不应求的问题，又使修理与制造有机地结合起来，为航空工业走向制造做了准备。

转入整机制造后，徐昌裕在工厂大力推行工艺规程，认真采用飞机制造所特有的模线样板、标准样件等正规工作法，严格工艺纪律，建立和完善各种管理制度，从而使生产迅速走上了正规化的轨道，适应了各种飞机的制造要求。徐昌裕对要害部门更是常抓不懈，他要求中心实验室一定要把好原材料的入厂检验关，绝不允许留下任何事故隐患；要求静力实验室对飞机的结构强度进行严格验证并认真做出静力分析，以确保飞行安全；要求试飞站对飞机的全面质量进行严格考核和鉴定，把住飞机出厂关。

徐昌裕很注意发现并认真总结我国飞机行业自己的实践经验，不定期地召开各种专业会议进行总结交流，这对提高飞机制造行业技术与管理的总体水平起到了很好的作用。特别是他主持制定的《飞机试制工作条例》，充分体现了他所提出的"新机试制四环节"思想，在很长一段时间里都是新机试制的指导性文件。

徐昌裕一直认为，我国航空工业必须要走自行研制的道路。要开展自行研制，就必须有科学研究做后盾，因此，他早在1950年执笔起草《关于建设航空工业的意见》时，就明确提出了在建设航空工厂的同时必须建立航空院校和航空科研机构。1956年我国仿制成功第一架喷气式歼击机之后，徐昌裕更是竭力主张开展自行设计，积极参与决策和筹划，并在飞机生产任务十分繁重的情况下，不惜从机关和工厂抽调一批技术骨干和优秀的青年技术人员，组建成新中国第一个飞机设计室，并在很短时间内自行设计研制出新中国第一架喷气式飞机。该室通过实践锻炼出一支设计队伍，培养出了大批优秀人才，为后来新建的几个设计所输送了不少领导干部和技术骨干。

1970年5月，徐昌裕任沈阳飞机制造厂革委会副主任，主抓生产技术工作，直到1973年9月离厂。在此期间，徐昌裕经历了歼8飞机设计定型、试飞阶段前4架飞机的研制生产、参与工厂全面质量整顿等主要工作。经过两年多的整顿，产品质量明显提高。到1972年10月，全厂整顿质量前存在的167个较大质量问题全部得到解决；全

徐昌裕生活照

机52个互换项目全部达到要求；歼6Ⅲ型全机静力试验合格；优良科目的试飞，主要技术性能均达到设计标准。对装备部队的飞机坚持排故8962次。从66批开始生产优质飞机。截至1973年底，遗留的飞机除3架报废外，全部修好，共出厂了609架优质歼6飞机和201架歼6改型飞机，不仅满足了部队的需要，而且工厂的经济状况也有所好转，偿还贷款2.73亿元，扭转了靠贷款过日子的局面。

1978年4月徐昌裕任第三机械工业部党组成员、副部长并兼任第六研究院院长。为了贯彻落实全国首届科学大会和邓小平"科学技术是生产力"的讲话精神，部党委决定召开航空工业科技工作会议，并责成徐昌裕进行准备。为此，他先后与约300人次的专家、教授进行座谈，共同回顾和总结了航空工业创建以来的经验与教训，并根据世界航空科技的发展趋势，结合国家战略对空军与海军航空兵提出的要求，主持起草了会议文件和《1978—1985年航空科技发展规划（草案）》。其中特别强调和反复阐明了航空工业作为高科技产业必须科研先行，要积极引进科研测试手段，引进先进技术和先进设备，搞好预研、增加技术储备以及在新机型上必须采用新技术等一系列重要观点，提出将航空科研工作的内涵划分为"预研"和"发展"不同阶段，并在预研方面具体提出了8大关键项目共119个重点课题。这些都很具前瞻性，也符合我国实际，因而于1978年7月在天津召开的航空工业科技大会上，这一我国第一个航空科技发展的长远规划得到一致通过。直到现在有些领域仍然遵循着这个规划在继续实施。在徐昌裕的积极倡导和推动下，"更新一代、研制一代、预研一代"的指导方针逐步成为航空工业界的发展战略。

徐昌裕为了我国航空工业的发展积极开展国际合作，他曾多次利用出国考察、参观的机会探讨与国外同行合作与交流的可能性。之后，在他分工兼管国际合作与交流工作时，通过各种途径，采取不同形式，有计划、有步骤地开展对外交流活动。先后与联邦德国航空航天研究实验院、瑞典航空研究院、美国国家航空航天局等签署了合作研究协议，从而为我国航空工业的对外合作打开了局面，合作范围不断扩大。

徐昌裕在重大问题上能做到实事求是，直言不讳，从不随波逐流，更不去讨好迎合。1956年我国制定全国科学规划，在有关会议上讨论飞机与导弹的发展问题时，徐昌裕发表自己的观点。他认为，飞机与导弹各有各的用途，导弹不可能完全代替飞机，主张两者都应发展，不可偏废。实践证明，徐昌裕的观点是完全正确的。

20世纪60年代，襄樊航空救生和空降设备研究所负责建设火箭滑轨试验场。由于当初所提10千米长、3倍声速要求过高，选址困难，几经改点，拖了8年都未建成。后来徐昌裕提出只需3千米长、1.2倍声速就能满足要求，还亲自到有关部门征询意见并取得了一致。经上报批准后，这个长期未能建成的试验场终于很快建成并投入使用，既争取了时间，又节约了资金，还获得了国家奖励。

在初级教练机的选型问题上，是选自行研制的初教6，还是选仿苏的雅克-18A，争论长达一年之久。徐昌裕坚决支持选用前者，并与使用部门反复磋商，终于达成选用前者的一致意见。已生产的2000多架初教6在使用中从未发生过重大安全事故，至今仍是我军初级训练的唯一机种，1979年获国家质量金奖。

在我国自行研制高空高速歼击机歼8时，在动力选择上有过"单发"与"双发"之争，当时作为主管飞机生产技术的徐昌裕，本着实事求是的精神，果断同意采用两台已成熟的发动机作动力。这是保证歼8型飞机研制成功的重要决策。

徐昌裕一生重视对人才的培养。对国外回来的老一代技术专家他能以诚相待，充分信任，做到知人善任，人尽其才，才尽其用。对青年技术干部他更是关爱备至，压任务，严要求，亲自指导，并以身作则、率先垂范。为航空工业培养了一大批科研、设计、生产和管理人才。

徐昌裕作为我国航空工程专家，新中国航空工业和航空科研的创建人和领导人之一终生奋斗在我国航空工业战线，为我国航空工业和航空科研赶超世界先进水平、为我国航空装备的国产化和现代化做出了重要贡献。

2003年12月徐昌裕因病在北京逝世，遗体捐献给协和医科大学。

油 江

油江（1915.5—1999.12），湖北公安人，原第三机械工业部党组成员、副部长。1938年在延安参加革命，同年加入中国共产党，在抗大四大队学习，后任抗大三大队军事教员。1940年后任晋察冀军区抗大二分校军事教员、编辑股股长、训练部科长。1944年任延安教二旅司令部教育股股长、训练营营长、延安卫戍司令部飞机场股负责人。1945年后任晋察冀军区航空站站长、摩托管理处处长、兵站部第二部长。1948年后任华北军区兵站部副部长，天津军管会处长、党委书记。1949年任华北军区航空处副处长、处长，华北军区空军参谋长。1951年参加抗美援朝战争，任中朝空军联合指挥部冲击机指挥部参谋长。1952年任第二机械工业部航空工业局副局长。1963年任第三机械工业部第二生产技术司副司长、生产局负责人。1978年任第三机械工业部副部长、部党组成员、部科学技术委员会副主任。1982年离休。1999年12月因病逝世。

1949年10月1日，油江作为华北军区航空处领导，是参加开国大典受阅飞机工作的组织者之一。他精心组织飞机编队，通过天安门上空，接受毛泽东主席、朱德总司令等党和国家领导人的检阅，他创造性的工作，给大典盛会增了光，受到毛泽东等老一辈领导人的表扬。1952年10月，油江从华北军区空军参谋长和中朝空军联合指挥部冲击机指挥部参谋长任上，奉命调任第二机械工业部航空工业局任副局长，分工主管发动机。油江来自抗美援朝前线，深知修理对保持空军实力的重要性。他一到任就全身心投入到修理工作中，从沈阳航空发动机修理厂、东安机械厂、湘江机械厂、金城机械厂几个发动机修理厂的建设，责任制的建立，修理技术的掌握到局机关发动机管理部门责任制的建设都亲自过问，并经常下厂帮助工作。到1957年年底，已经修理了发动机13种，计12000多台，有力地支援了新中国人民空军的建设。

当时部、局领导认真执行中央从修理到制造的正确方针，采用先修理、制造结合，再修理、制造分开的成功做法，即先由修理厂直接过渡成制造厂，再另建修理厂移交空军，大大地缩短了过渡期。因为修理与制造在技术上兼容、工艺上相通，在修理中积累的技术储备和管理经验大部分可用于制造，在修理中不断掌握的零备件制造技术，逐步孕育和发展了制造整机的因素。例如湘江机械厂在修理阶段已经制造了包括汽缸在内的零件322种，占整机工作量的50%。1954年8月，湘江机械厂就提前完成了我国第一台爱姆－11发动机的制造任务。

1954年3月，国家计委批准在原51兵工厂原址建设黎明机械厂。黎明机械厂是一个大型的现代化喷气发动机制造厂。在沈阳市委的大力支持下，黎明机械厂提前两年零两个月于1956年底经国家验收建成，发动机也在同年6月试制成功，创造了世界奇迹。黎明机械厂的建成奠定了我国现代化航空发动机制造业的基础，该厂不但成批生产了大量发动机，而且培养了大批干部和技术人员，成立了第一个产品设计室，包建了成都、西安和黎阳3个发动机厂，成为我国喷气式发动机工业的基本力量。

1956年6月，油江作为第二机械工业部航空工业局的代表随李富春副总理和赵尔陆部长赴苏联谈判，希望苏联援助建设空气动力和发动机两个研究院。油江回国后，航空工业局分党组决心独立自主搞科研，从机关、工厂和学校调集大批技术干部组建了材料、工艺、飞行研究、空气动力研究所、仪表设计室、飞机设计室和发动机设计室。同时各工厂、学校都纷纷成立了研发机构。

1956年8月，航空工业局发出在黎明机械厂成立发动机设计室的命令，调局机关发动机生产技术处长吴大观同志任发动机设计室主任，虞光裕同志任总设计师。1958年8月1日，我国自行设计的喷发1发动机安装在沈阳飞机制造厂的歼教1型飞机上试飞成功。

油江坚决主张科研与生产相结合，认为企业如果没有发展产品的能力必然是死路

油江1950年在南苑机场

一条。1965年他在审查黎阳机械厂的初步设计方案时，特地为该厂加上航空发动机设计所，为以后黎阳机械厂的生存和发展发挥了重要作用。

油江来自空军，深知质量问题的重要性。他经常告诫大家："发动机的工作条件苛刻，安全性要求更高，因此更要特别注重质量，即使一个小零件出了问题，也会造成机毁人亡的灾难。"他身体力行，狠抓企业的质量管理，坚持党委领导下的厂长负责制和总工程师领导下的"四师一长"技术责任制，总检验师直接由厂长领导，垂直领导车间的检验室，严把质量关。他还特别在发动机厂设置生产准备副总工程师，加强工夹量具生产以保证产品质量等，因而在1958年以前，黎明机械厂已经生产的1048台涡轮发动机以及东安机械厂、湘江机械厂生产的产品质量基本稳定。

1958年的"大跃进"给航空工业的产品质量带来了巨大的灾难。为了整顿质量，油江立即率领工作组到黎明机械厂督促整顿，他还冒着政治风险题写了"质量第一"

的巨幅匾额悬挂在哈尔滨飞机制造厂装配车间。

1958年我国开展导弹工业的建设，油江对此十分重视，积极领导首批导弹试制生产和研发基地的建设工作。导弹基地的建设，对我国导弹工业的发展做出了巨大的历史性贡献。

油江的组织纪律性很强，对上级尊重，顾全大局，对自己要求严格，对下级宽厚，特别注意放手使用干部。他经常说："在工作中出了问题，领导干部要多承担责任，这样下级才敢大胆工作。"在反右倾运动、三级干部会议和"文化大革命"中，油江都受到不正确的批判和不公正的对待，但在运动中他都默默承受，从不上推下卸，责怪左邻右舍，表现了一个共产党员的优秀品质，深受广大干部的爱戴和尊重。

油江生活俭朴，清正廉洁，两袖清风，从不搞特殊化。下厂时，他总是住厂内招待所，在厂内食堂就餐，从未住过宾馆和游山玩水。下厂总是"两点式"，即从车站到工厂，再从工厂到车站回北京。

1964年底，"四清"运动开始，部机关要抽调大批干部参加"四清"运动，孙志远部长决定八大司局合并，成立生产口，由油江负责。1965年初，孙志远部长提出要组织以完成歼6飞机200架，红旗2地空导弹100枚为中心的生产高潮，实现五机三弹小配套以夺取局部地区空中优势为战略目标。这一重担就压在油江身上。

"文化大革命"后，吕东部长主持三机部工作，油江被任命为副部长主管全部的生产工作，成为吕东部长在生产方面的得力助手。在全面整顿产品质量、恢复被"文化大革命"破坏的生产秩序、抢回被"文化大革命"耽误的时间上，呕心沥血、竭尽全力，完成了"两七（歼7Ⅱ、运7）两八（歼8、运8）"设计定型和"三个一代（更新一代、研制一代、预制一代）"的战略任务，为航空工业重新走上健康发展的道路做出了重要贡献。

在"太行"发动机立项遇到困难时，他支持发动机方面的专家给邓小平同志写报告请求支持，收到了良好的效果。离休后他还经常询问"太行"发动机的进展情况，当他在病重住院期间，同志们探望他并告诉他进展顺利时，他非常高兴，希望能尽快试成。可惜他没有等到"太行"发动机定型投产就离开了我们。

油江在1982年响应中央号召首批离休，当时我国航空发动机工业已经建成了9个生产企业、3个专业设计所和1个发动机研究院，修理发动机3万多台，制造了17种37型包括活塞式、喷气式的涡轴、涡桨、涡喷、涡扇发动机4万多台，奠定了我国发动机工业的坚实基础。油江同志为此奋斗了一生，做出了重大贡献。

油江1982年离休。1999年12月因病逝世。

崔光炜

崔光炜（1924.6— ），山东淄博人，原第三机械工业部副部长。1939年11月参加革命，参加革命前曾在党的领导下做群众救亡工作，任区儿童团团长。1940年加入中国共产党。曾任清河区专员公署股长，渤海区行政公署科长、办公室第一副主任，山东省民政厅秘书室主任，中共中央山东分局办公厅秘书室第四室副主任等职。1954年，崔光炜调到航空工业工作，任沈阳航空发动机修理厂总机动师、厂党委书记；1958年任成都航空发动机厂党委书记；1970年任西安航空发动机厂党委副书记、革委会副主任、厂党委书记，陕西省国防工办副主任；1976年任贵州航空工业基地党委第一书记、贵州省国防工办副主任。1978年任第三机械工业部副部长兼贵州航空工业基地党委第一书记，1980年任第三机械工业部副部长、特邀顾问等职。1990年离休。

长期在地方工作的崔光炜,调到航空工业系统工作后,很快就进入了角色。在沈阳航空发动机修理厂工作期间,崔光炜组织全厂职工全力援助沈阳航空发动机厂、西安航空发动机厂、远东机械厂和空军吉林修理厂的建设,在完成喷气发动机由修理向制造过渡的任务中,做出了积极的贡献。担任工厂总机动师的崔光炜,工作重点转到新厂建设上,对上千台新设备逐台进行质量检查,组织安装、调试、移交生产;对所需各种非标准设备,组织进行设计制造;迅速建立健全机动系统,开展工作;保证全厂的水、电、风、气动力供应;努力学习苏联经验,建立各项规章制度。

1958年11月,一机部下达文件,指定沈阳航空发动机厂负责成套包建成都航空发动机厂。崔光炜被任命为成都航空发动机厂第一任党委书记。

1959年初,国家将75号发动机的试制任务交由成都航空发动机厂负责完成,并要求将其作为1960年"七一"向党的生日献礼的项目。短短18个月的时间,既要完成千里迢迢的大迁移,又要完成国家下达的基建、生产、试制任务,这对成都航空发动机厂这个刚刚组建的领导班子和职工队伍是一次严峻的考验。接受任务后,崔光炜认真贯彻上级"既保证成都航空发动机厂加速建成,又保留沈阳发动机修理厂成为试制工厂的基础,既考虑到今后的发展,又保证1959年两厂既定任务的完成"的指示精神,与厂长亲临成都了解成都航空发动机厂建厂的第一手资料,带领党委一班人组织制定工厂包建的大政方针和周密细致的转移计划和具体实施方案。在"时间短、任务重、人数多、条件差、路途远、交通难"等诸多困难情况下,充分调动广大职工及家属支援国家三线建设的革命热情,发扬不畏困难、勇往直前的精神,在领导班子强有力的组织领导和精心指挥协调下,确保了援建的6500多名职工和家属的迁移以及390多台设备、大批工具、仪器和物资等运送任务的顺利完成。在建厂过程中,崔光炜一丝不苟地执行"边基建、边试制、边生产"的方针,统筹兼顾,较好地处理了基建、生产、试制的关系,与领导班子一起带领全厂干部职工自力更生、艰苦奋斗、大干快上,有序推进工厂各项工作迅速有效地进行。

结合工厂基建、试制和生产发展的实际需要,工厂的管理体制和组织机构经过建立、充实、完善逐步健全,各项规章制度也在实践中制定和逐步修订完善。特别是在提高职工文化素质,组织干部职工学习75号发动机和涡喷6发动机试制技术,大力开展苦练基本功的岗位练兵活动等方面做了大量工作,完成了国家和省市下达的各项零备件生产及五大设备试制生产任务。同时还把闲散劳动力和困难职工家属组织起来,战胜自然灾害,开展生产自救,就业人数达1000多人,减轻了国家负担,解决了职工的困难和后顾之忧。

根据国家"加速75号机试制,争取1960年'七一'前试成"的要求,在任务重、时间紧迫、各种条件都暂不配套的情况下,开始了75号机的试制。在上级领导的大力

崔光炜生活照

支持和兄弟厂的协作下，经过全厂干部职工的奋力拼搏，保证了7月1日向上级报捷。75号机是成都航空发动机厂成功试制的第一个产品，虽未投入生产即被叫停，但为后来的涡喷6发动机的试制奠定了技术基础、锻炼了队伍、积累了经验。

1962年12月，工厂开始准备正式试制涡喷6发动机，崔光炜先后几次召开党委常委会研究试制方案和进度，发动全厂职工克服困难，一定要在1964年"十一"前试制成功，向国庆献礼。针对建厂初期试制人员不足，缺门工种多，技术力量薄弱，以及基本建设尚未完全配套投产、生产准备力量不能适应生产的需要的现状，工厂在制定试制总体计划时，要求全厂各试制单位全面吸取黎阳发动机厂的成功经验、充分利用南方发动机厂移交给工厂的工艺装备、压缩0批工装制造数量、及早组织缺门和薄弱工种的技术工人培训，以满足试制任务的需要。各系统又分别拟定了试生产实施细则，下发到各相关单位贯彻执行。在思想上、组织上、管理上做好充分准备，要求工厂各部门的工作人员围绕"技术过硬、管理过硬、质量过硬、转入批生产过硬"的总目标，制定本部门的基本功条件。全厂上下广泛动员和组织技术人员、干部职工勤学苦练基本功，为涡喷6发动机的试制打下了坚实的基础。在"任务重、时间紧、基础差、经验少"的条件下，积极争取上级领导和兄弟厂的大力支持，终于按国家要求于1964年8月提前完成了涡喷6发动机的零件加工和总装任务，并于9月顺利通过试车，10月通过了航空军工产品定型委员会技术审查鉴定，10月14日国家有关部门在工厂召开了验收大会，标志着成都航空发动机厂生产的涡喷6发动机试制成功并转入批生产阶段。

1965年完成151台涡喷6发动机的生产任务。

在成都航空发动机厂建厂和新机试制过程中，崔光炜坚定地贯彻执行上级决定和国家的政策法令，工作有魄力、敢负责，思路清晰、领导有方、指挥得当，对航空企业建设、管理有丰富的经验和较高的领导水平，在干部群众中享有较高的威望。在加强工厂政治思想工作、企业管理和干部队伍、职工队伍建设等方面亦做出了显著成绩和卓越贡献，受到上级领导机关的肯定和表彰。

在"文化大革命"中，崔光炜受到冲击。1970年恢复工作，调西安航空发动机厂任党委副书记、革委会副主任，1974年任厂党委书记。此时正是"文化大革命"混乱时期，他坚持战备生产，维持工厂的正常秩序。

1976年12月，崔光炜被调到贵州航空工业基地任党委第一书记。他与基地其他领导成员一道，拨乱反正，整顿组织，整顿产品质量，建立健全各项规章制度，突出解决了歼6飞机及其发动机设计和生产定型中暴露出的各种质量问题。与此同时，崔光炜还对贵州航空工业基地的组织体制进行了调整改革。公司实行厂所结合，科研、生产统一管理，收效显著。特别是帮助和指导黎阳机械厂，在涡喷7、涡喷13发动机改进改型上取得了巨大成功。

1978年4月，中央任命崔光炜为第三机械工业部副部长兼贵州航空工业基地党委第一书记。1980年起，崔光炜回到三机部工作，先后分管飞机局、发动机局、机载设备局、生产调度局、质量局、物资局等部门的工作。中央军委任命崔光炜为航空产品定型委员会副主任，协助主任抓航空产品的定型工作。1979—1980年，崔光炜率团考察法国、美国的直升机公司，提出了引进法国"海豚"直升机制造专有权，在中国生产直9直升机的建议，经部党组批准实施。与此同时，他在完成"两七（歼7Ⅱ、运7）两八（歼8、运8）"飞机等新产品研制、定型和贯彻军民结合方针、开展民品生产等工作中都有所建树。他主持确定了重点企业民品发展的技术改造项目，引进先进技术，建成百条民品生产线，包括汽车、摩托车、制冷设备、新型纺织机械、食品加工机械、医疗器械、烟草机械等，使航空工业部民品产值每年递增30%左右。

1990年崔光炜离休后，曾任中国包装技术协会副会长、中国食品包装机械协会副会长、航空工业质量协会理事长。航空工业创建40周年时，获特别荣誉奖。

于　辉

　　于辉（1915.5—1998.5），江西上犹人，原第三机械工业部副部长。1929年参加中国工农红军，1931年加入共青团，次年加入中国共产党。曾任中国工农红军第六军团指导员、军团巡视员。参加了湘赣苏区反"围剿"并随贺龙领导的二方面军参加了举世闻名的二万五千里长征，后任陕甘宁边区独立二营政委、独立三团政治处主任、八路军129师358旅直属政治处主任。1939年入延安抗大学习，后任抗大三大队教导员、抗大五分校政治处主任、苏北军区政治部组织科长以及新四军第三师和东北野战军团政委、第四野战军第39军后勤部政委。新中国成立后，历任中国民用航空华北办事处副政委、太原航空仪表厂党委书记兼厂长、成都飞机制造厂厂长兼党委书记、株洲航空发动机厂厂长兼党委书记、湖南省国防工办副主任，1978年任第三机械工业部副部长。曾任四川省省委委员、湖南省省委委员。1982年离休。1998年5月因病逝世。

随着中国民航和航空工业的创立，于辉毅然投身到航空工业建设之中。1950年10月，地处天津市的军委民航局华北办事处副政委于辉奉命将天津小孙庄仓库存放的全部航空器材设备迁往太原。1951年1月8日，军委民航局正式决定，在太原大营盘火柴厂旧址建立机械修理厂，由副政委于辉领导建厂工作。1951年7月，军委民航局转发总政治部命令，任命于辉为政治委员。

1950年11月，先期到达太原的于辉等领导全厂职工开始了艰苦的建厂创业工作。1951年1月15日开始了动工兴建，4月25日胜利完工，历时100天高速度地完成了建厂任务。1951年5月1日，是建厂职工永世难忘之日，这一天，用建厂职工汗水和心血凝聚而成的太原民航修理厂举行了隆重的开工典礼。1951年5月7日，新建成的太原民航修理厂正式开工生产。1952年，太原民航修理厂在隶属关系上发生了重大变动。5月7日，中央军委和政务院联合发文，将民航局所辖天津、上海、太原三个修理厂的人员、设备、资产等，原封不动地拨交重工业部航空工业局，以增强航空工业的基础。1953年1月，航空工业局通知工厂更名为太原太行仪表厂。随后，于辉改任厂长兼党委书记。

1953年是太行仪表厂从发动机修理转向航空仪表测试设备制造取得突破的一年。年初，航空工业局下达了制造航空仪表测试设备的指令，四季度做出了将太行仪表厂改建成航空仪表厂的决定。在于辉的指挥下，经过大家大胆探索，通力协作，努力攻关，仅以半年时间就快速高质量地完成了首批新品航空仪表空速管和磁罗盘研制任务。当时朱德副主席盛赞这一成就是"马槽里飞出金凤凰"。1954年，工厂除了完成第一、第二个航空仪表新品试制任务外，还穿插进行了"分家合并"的大事。1954年3月航空工业局做出决定，南京的221分厂将于当年四季度迁太原与工厂合并，以及在此之前，1953年6月航空工业新建12个工厂之一的432厂（即后来的成都飞机制造厂）开始筹建，为两厂分家做准备工作。对此，工厂组成了"分家与合厂"联合委员会。1954年3月初，于辉带领工作组乘车南下，到洪都机械厂与吴继周厂长商谈关于派实习生去该厂学习教练机修理技术和生产管理业务的计划，并达成有关飞机厂协助432厂开展修理及生产准备工作的协议。1954年8月，航空工业局派工作组到太原与工厂党委共同圈定两厂分家人员名单和器材、设备、财务等分配细节。两家分厂之后，于辉调任432厂厂长。

1955年2月，于辉与航空工业局、第四设计院领导及苏联专家组赴四川、陕西、甘肃、新疆等地勘探，并在西安组成选厂筹建班子，为3个航空工厂和1个兵器工厂选定了厂址。1955年8月，组建二机部四川地区新厂筹备处，于辉任党委书记、主任。他用不到3个月的时间，提交了《温江、广汉地区厂址选择报告》，指导撰写了《有关工业企业厂址选择的几个问题》的报告上报中央，1956年7月10日中共中央办公厅以

于辉（左一）参观航空工业展览

"绝密"件印发全国，于辉的工作得到中央领导同志的赞赏。1955年12月，他领导的四川地区新厂筹备处统一负责二机部4个局"二五"期间在四川建设的36个工厂、1个研究所、2个仓库和7所学校的选址工作，足迹遍布温江、广汉、绵阳、德阳、广元、雅安、邛崃等地。

从1956年1月起，于辉就投入到了成都飞机制造厂的筹备建设之中，被任命为党委书记、筹备组组长等职，后成都飞机制造厂因故推迟建设。1958年7月25日，国家正式下达成都飞机制造厂建厂指示，10月18日工厂正式开工建设，成都飞机制造厂正式诞生。10月31日成立现场党组，于辉任党组书记。在建设过程中，于辉根据实际情况提出了"边基建、边试制、边生产"的建设方针，这为工厂的飞机上天、经济发展打下了坚实的基础。1959年4月1日，国家任命于辉为成都飞机制造厂厂长，于辉成为成都飞机制造厂第一任厂长。

1961年3月13日，三机部决定调于辉到株洲航空发动机厂任厂长，1964年又任党委书记。上任初始，工厂正接受活塞6发动机这一"重中之重，急中之急"的试制任务。面对当时苏联撤走全部专家的困境，他带领全厂职工开展了以质量为中心的整风运动，制定了《优质试制十条》，推行了关键件"五定"（即定人、定任务、定关键、定措施、定进度）方法，采取了"四结合"（工人、技术员、军代表、领导干部）形式，组织攻关，仅用一年零九个月的时间，就试制成功了活塞6"争气机"。1962年4

月28日，工厂试制的活塞6发动机顺利完成500小时长期试车，5月份完成了7台发动机的装配，6月4日经国家鉴定合格，并批准投入生产。6月5日，工厂举行活塞6发动机试制成功及国家定型鉴定验收庆祝大会。1966年底，我国第一台涡轮螺旋桨发动机涡桨5完成100小时试车；1964年3月，第一枚霹雳1号空空导弹通过国家定型鉴定，转入批量生产。1962年工厂与钢厂合作研制成功了电渣无发纹钢，解决了生产的关键。

与此同时，于辉还恢复了长江750摩托车发动机的生产，为工厂民品发展打下了基础。1962年8月10日，长江750摩托车发动机停产一年后，三机部航空工业局向工厂下达了《关于恢复长江750摩托车发动机生产的指示》，批准恢复长江750摩托车发动机生产的措施计划，并拨技术改造措施费专款87.23万元作为恢复费用。工厂根据航空工业局的指示，撤销了248技校，利用其校址、部分设备和人员，同时从24车间抽调部分技术力量，组建了摩托车发动机生产车间，从而使摩托车发动机生产得以稳定。

1965年10月，工厂研制的活塞6甲发动机顺利通过600小时定型长时试车，12月经国家鉴定同意投入批量生产。1966年1月工厂与北京航空材料研究所合作，成功地将陶瓷型芯用于精密铸造，成为三机部系统最早使用陶瓷型芯的单位。

1965年，按照中共中央建设三线的战略部署，于辉选定了沅陵航空发动机总装厂、冲压焊接厂和沅陵供应站的厂址。1970年5月，出任湘西航空工业系统领导小组组长，指挥2.8万人的建设大军，开始了湘西航空工业的建设。1977年，于辉任湖南省国防工办副主任兼省三机局局长，直接领导了湘西航空工业的创立，最终确定了湘西航空工业建制由中南传动机械厂等8个单位构成，形成了涡喷11发动机、歼7飞机起落架、精密齿轮、减速器以及多种航空零部件的生产能力，同时还具备了长江750摩托车发动机、摩托车液力变距器等多种民品的开发和研制生产能力。

1978年5月，于辉调任第三机械工业部副部长，主管建设局、办公厅、财务司、劳资司、计划司和一段时间的干部司等工作。当时正是"文化大革命"结束、拨乱反正的历史时期，为贯彻党中央以调整为中心的国民经济八字方针，他深入基层调查研究，清理和整顿了基本建设规模。对主管的各司局，他注重领导班子的建设和思想政治工作，深入联系实际，作风扎实，平易近人。在任期间，他为落实中央关于"两航起义"人员的政策的指示做了大量的调查研究和深入细致的工作，深受"两航起义"人员的赞扬。

1982年12月，于辉响应党中央号召主动退出工作一线离休。1998年5月因病逝世。

耿 涛

耿涛（1921.3—1979.1），山东沂源县人，原第三机械工业部副部长。1938年参加革命工作，1939年加入中国共产党。历任通信员、乡党支部书记、区委书记。抗日战争胜利以后，耿涛被派到东北局工作，1947年在拜泉县任县长。新中国成立后，1952年任齐齐哈尔第一机床厂党委书记、第一副厂长；1956年任齐齐哈尔市市委常委、工业部长、市委副书记；1968年后历任哈尔滨市革委会副主任，黑龙江省林业总局核心组副组长，黑龙江省生产指挥部副主任。1974年任哈尔滨飞机制造厂党委书记，1978年7月任第三机械工业部副部长兼沈阳飞机制造厂党委书记。1979年1月因病在北京逝世。

抗日战争初期，耿涛参加了沂水县三区抗战动员委员会，并在抗大山东分校学习后，被派到家乡任党支部书记。1940—1945年，先后担任区农会主席、组织委员、区委书记，组织和领导当地人民同日本侵略者进行了不屈不挠的斗争。

抗日战争胜利以后，耿涛被派到东北局工作，在黑龙江省绥棱县组织领导农民群众开展打土豪、分田地运动，并着手建立农村党的组织，培养了一批农村工作干部。1947年在拜泉县任县长期间，他积极领导土改运动，使当地迅速恢复了生产。新中国成立后，在支援抗美援朝、镇压反革命以及"三反"、"五反"运动中，都做出了出色的成绩，多次受到上级表扬。

1952年，耿涛调任齐齐哈尔第一机床厂党委书记、第一副厂长。在由农村到城市、由主管农业到主管工业的较大变化中，他较快地熟悉了工厂的工作环境，使这个刚刚从内地搬迁到齐齐哈尔市的大型国营企业迅速恢复了生产，年年超额完成国家计划，还涌现出了"马恒昌小组"这样全国闻名的先进生产班组。1956年他又被调往齐齐哈尔市委，领导全市的工业生产工作，直至"文化大革命"前担任黑龙江省委驻哈尔滨市工作组组长。

耿涛任职期间，经常深入各大中型企业调查研究，掌握大量情况，提出抓厂领导班子和基层班组建设，并以先进典型推动工业发展的建议。他提出的建议被市委采纳后，随即带领工业部干部深入到工厂进行培养，总结经验，抓典型。经过大约一年时间，总结出"两参一改三结合"的完整的工业企业管理办法，受到中央工业部的好评，并在《人民日报》上发表。1966年中共中央又下发了《关于"两参一改三结合"制度，提高企业管理工作的指示》，此后"两参一改三结合"的管理模式在全国推广。耿涛也以他出色的管理才能、朴素的生活作风以及深入基层的工作作风，受到人民群众的拥护和爱戴。

"文化大革命"期间，耿涛被以"走资派"的罪名批斗。1968年重新工作以后，在担任哈尔滨市革委会副主任兼生产指挥部主任期间，由于他坚决反对派性斗争，敢于保护市委干部，坚持"文化大革命"前的机构建制，主张恢复原有的生产管理办法，而被以"复旧、镇压革命群众和保皇派的黑后台"等罪名再次被打倒。

1974年耿涛调哈尔滨飞机厂担任党委书记以后，首先抓的第一件大事就是搞好安定团结，严格劳动纪律，促使工厂的科研生产秩序迅速得到恢复。

1974年7月，三机部与民航总局、农林部、地质总局以《关于研制双发动机多用途小型飞机以适应国民经济发展需要的请示报告》联合上报国家计委和国防工办。10月，国务院、中央军委批准了研制方案，定名为运11，并决定由哈尔滨飞机厂研制。运11飞机是上单翼型飞机，装有两台功率为285马力的活塞6甲型发动机，最大起飞重量为3250千克，最大时速为220千米，作业时速为160千米，持续时间为7小时20

耿涛工作照

分,最大航程为995千米,空机重2050千克,商载为800千克。

1975年1月7日,工厂召开了运11研制动员大会,向13个主攻单位下达了任务书。耿涛作为党委书记亲自抓这项研制工作,他经常到生产薄弱的单位参加夜班劳动,解决生产中的实际问题,大力表彰在生产科研战线上涌现出的先进人物,并亲自将立功喜报送到劳动模范家中。在党委、厂部的领导下,全厂掀起了大干运11的热潮。5月,三机部邀请民航总局、农林部、地质总局以及有关使用单位、高等院校和兄弟厂所代表参加,在工厂召开运11方案审议会,审定了具体的设计方案;6月,完成了飞机图样的设计任务;7月,完成模线绘制、样板制造和工艺文件编制;8月上旬完成工装设计,下旬完成工装制造;10月,完成零件制造和01号机铆接;12月初完成02号机铆接,19日完成01号机静力试验,26日完成02号机总装,30日首次试飞成功,实现了"当年设计、当年制造、当年上天"的奋斗目标。

1975年共完成产品设计图样2645张,9402标准页;设计技术文件129份;设计静力试验设备图样2000多标准页;工艺技术文件49份;设计工装图样7719标准页;绘制明胶模线125张,制造样板1524块;制造工装880套;制造零件3774种,标准件1938种。整个工装设计、工装制造、零件制造采取平行交叉作业,最大限度缩短了研制周期。在设计中,气动布局、总体设计和结构设计平行交叉。同时进行系统设计,模线绘制和产品设计平行交叉；样板制造和模线绘制平行交叉。在结构打样时，工艺工作和工装设计同时与产品设计平行交叉；工装设计和工装制造平行交叉；零件制造与工装制造平行交叉，从而大大加快了研制进度。

运11飞机强度静力试验结果也令人满意。1976年初，根据01、02号机暴露出的问题，在03号机上修改了操纵、操作系统等部分设计，用半年时间完成了03架机零件补制和铆接总装任务，并进行了试飞。02、03架机总共暴露出425项质量问题，都查明原因、逐项落实改进措施，共补发图样3000多标准页。

粉碎"四人帮"以后，根据中央的部署，结合工厂实际，耿涛带领全厂干部职工积极揭批"四人帮"，抓生产治"内伤"，在很短的时间内改变了生产落后局面，使工厂首批跨进全国先进企业行列。

由于"文化大革命"的破坏，工厂的正常工作受到严重干扰，职工反映最大的问题之一就是住房问题。耿涛在调查了解了工人住房几代人同挤于一间不足10米^{2}小屋的情况以后，为解决工厂最困难的500户职工住房问题，他积极争取地方政府的大力支持，并动员工厂各车间、单位抽调人员参加修建新房，使500户职工像过年一样搬入了新居。职工的心顺劲足，换来了工厂科研生产的大好局面，连续6年被评为"工业学大庆先进单位"。

1978年7月9日，耿涛调任第三机械工业部副部长兼沈阳飞机制造厂党委书记。到厂后，耿涛通过调查研究了解到工厂面临的主要问题：一是派性问题没有完全解决；二是职工住房问题急需解决；三是职工子女待业问题已成为全厂职工的心理负担。他从解决派性问题入手，及时统一了厂干部职工的思想，有力地促进了科研生产新局面的进一步形成。

耿涛虽然在厂工作时间较短，但为人谦和、严谨认真的工作作风给各部门同志留下了深刻的印象。耿涛在厂工作期间，正值三机部在沈阳召开歼8研制会议、狠抓质量的关键时期，同时又是工厂全面开展质量检查的群众运动时期。他上任后，立即组织各级党委加紧落实邓小平副主席提出的关于更换部队装备的指示以及对歼8飞机提出的具体要求，狠抓以整顿产品质量为重点的"四查"（查思想、查作风、查技术、查管理）运动，重点检查了歼6飞机和歼6教练机的问题。

1979年3月，三机部对工厂这次整顿产品质量活动进行了验收，并颁发了"质量验收合格证"。工厂荣获了三机部"大庆式企业"及辽宁省、沈阳市"工业学大庆先进单位"称号。

工厂局面打开以后，耿涛又积极着手解决职工住房问题。正当建房条件基本具备的时候，不幸于1979年1月因病在北京逝世。

赵健民

赵健民（1912.6— ），山东冠县人，原第三机械工业部党组副书记、副部长。1932年加入中国共产党。1933年后任济南乡师党支部书记，济南市委北区巡视员。1933年7月，山东省委及全省党组织遭受严重破坏，与北方局和中央失去联系后，他领导组织部分共产党员独立坚持开展党的工作，在极其困难的条件下，积极恢复和发展山东济南等地的党组织，组成了济南市委和山东工委，任济南市委书记，山东省工委组织部部长、代理书记。1936年山东省委重新成立，任省委组织部部长兼济南市委书记。1937年后任中共鲁西北特委书记，129师新八旅营长，冀鲁豫军区第三军分区和第七军分区司令。1945年后任中共冀鲁豫区党委副书记兼军区副政委、冀鲁豫军区司令，1949年任二野五兵团17军政委兼军长等职。全国解放后，历任西南军政委员会交通部长兼西南铁路工程局局长，铁道部副部长，山东省委第三书记、省长，云南省委书记处书记兼省政府党组副书记等职，1956年当选中共第八届中央候补委员。1978年4月任第三机械工业部党组副书记、副部长，1981年12月任第三机械工业部顾问组组长。党的十二大、十三大当选为中央顾问委员会委员。1999年6月离休。

1950年赵健民任西南军政委员会交通部部长兼西南铁路工程局局长，领导修建了新中国第一条铁路——成渝铁路。1952年底任铁道部副部长，参与了"一五"期间铁路新线建设。1955—1959年，任中共山东省委第三书记，山东省人民委员会省长，中共山东省委常委、书记处书记兼省监察委员会书记。这期间，因批评、抵制"左"的错误，在1958年整风补课中被作为山东省地方主义、分散主义、右倾机会主义的总代表受到错误批判。1959年9月降职为济南钢铁厂党委第二书记、副厂长。1962年底被甄别后，调任中共云南省委书记处书记兼省政府党组副书记。"文化大革命"中，因对"左"倾错误提出批评、进行抵制，遭康生、谢富治诬陷，被关押长达7年零8个月。在被关押期间，虽受尽迫害，但始终坚持原则，坚持斗争，英勇顽强，体现了一个共产党员的崇高品德。1978年9月，获得公开平反，恢复名誉。

1978年4月，赵健民调任第三机械工业部党组副书记、副部长，分管政治思想和干部、人事劳资、教育、基建等方面工作。积极协助部长抓好全面工作，主动为部长分忧解难，妥善地处理了一些难题。

1978年12月，中共十一届三中全会召开。全会以一个伟大的转折点被载入党的历史。赵健民出席了会前的中央工作会议。他在会上先后5次发言。他表示赞成党的工作重点转移到经济建设上来，但对"四人帮"及其帮派势力的清查工作不能放松。他认为应当及时地明确地提出"完整地准确地掌握毛泽东思想体系"，坚持实事求是的思想路线。赵健民主管三机部清查"四人帮"及帮派势力的"揭批查"工作。他认真贯彻中央的有关指示，彻底清查"四人帮"的帮派势力，肃清"四人帮"的影响，同时又实事求是地对待犯错误的人，收到了较好的效果。

赵健民重视抓队伍建设。他指出办事要靠人，队伍先进才能事业旺盛。1978年他在沈阳召开的整顿航空工业产品质量现场会上，强调要抓队伍建设。明确指出抓队伍建设，首先要抓革命化，同时要抓好用现代科学知识武装职工队伍。如果没有一支革命化的用现代科学知识武装起来的队伍，进一步提高产品质量，实现四个现代化就是一句空话。

赵健民还重视抓企业管理。他特别重视中央提出来的经济工作必须实现"三个转变"的思想，即转变到科研先行的轨道上来，转变到质量第一的轨道上来，转变到按经济规律办事的轨道上来。赵健民在1979年的一次部里领导干部学习班上，强调要实现"三个转变"。他指出，要实现"三个转变"，首先要整顿和加强管理工作。

赵健民特别重视抓民品开发工作。在1980年初的一次工作会议上，他要求切实贯彻党和国家领导人提出的"军转民"方针，并提出了8条意见：树立战略眼光，认真制定民品发展规划；在市场调查的基础上，综合工艺特长，搞好产品选型；要把军品技术转变为民品服务，把科研成果转化为产品，要使改进与创新相结合；广泛开展专

赵健民生活照

业化协作，反对大而全、小而全；严格经济核算，降低成本，坚持薄利多销；高度重视产品质量，积极开创"名牌"；加强销售工作，学会做生意；培养一大批懂经营的管理干部，切实加强组织领导。这些意见，对航空工业落实"军转民"方针、推动民品生产的开发起到了重要作用。他在实际工作中，着力协调解决民品生产研制中的一些困难，取得国家领导、有关部门和地方的重视和帮助，积极支持和推进民用飞机的研制和生产，亲自带队到新疆，帮助生产建设兵团组建农林航空服务队，用国产飞机播种、喷药、施肥，并帮助建设兵团解决飞行员和国家财政补贴，促进了航空队的发展。他还积极支持企业根据市场的需求开发民品生产，使航空工业的民品生产有了长足的发展。

赵健民十分重视干部队伍的建设。1978年亲自组织在有关厂所进行干部的民主推荐、民主测评试点工作。他重视企业领导班子建设，每到一处都找厂级领导谈话，做思想工作，他按照中共十一届五中全会精神和中央组织部关于选拔优秀中青年干部要求，认真地开展工作。1980年8月，他主持召开了干部工作会议，结合航空工业企业领导班子的实际情况，指出了存在的年龄偏大、科学文化水平偏低、具有专业知识的干部偏少等诸多问题，明确表示，若不采取有力措施，尽快改变这种状况，航空工业现代化是不可能的。同时，他要求进一步解放思想，提高认识，把选拔优秀中青年干部工作当作解决接班人的大事来抓。他还在会议上介绍了北京航空学院民主推荐干部的做法，并要求各级党委立即动手制定出1980—1982年的培养优秀中青年干部的规划。这次会议对航空部各厂所、基地班子的年轻化、知识化、专业化的建设，起到了很大的推动作用。

进入20世纪80年代,赵健民也在深思自己如何执行中央关于废除实际上存在的干部职务终身制的指示。他于1981年7月主动向中央报告,要求从领导岗位上退下来。当时中央已拟定吕东任国家经委主任,并考虑由赵健民接任部长。但赵健民执意让年轻的同志快点站到第一线领导岗位上挑重担子;自己当年轻人的参谋。赵健民的要求很快得到中央的批准,由较为年轻的莫文祥担任部长,赵健民为顾问组组长。不久,赵健民在中共十二大上当选为中央顾问委员会委员。

赵健民退居二线后,经常接受并完成中央交办的一些重要工作。连续几年受中央委派带队赴四川、新疆、青海等地参加机构改革、整党等工作,圆满地完成了中央交办的任务。与此同时,他集中精力总结党的历史教训,思考治党治国良策,如1985年向中央递交了长达一万多字的《关于改革党和国家现行政治体制,进一步发展社会主义民主的建议》,同年8月又向中央递交了《进一步加强党员干部的马克思主义理论学习,发展马克思主义、毛泽东思想》的建议。这些意见和建议,得到了中央领导人的高度评价和重视。

1989年春夏之交的政治风波后,特别是苏联和东欧剧变后,赵健民在严肃思考着党和国家的重大问题。1991年11月中共十三届八中全会开会期间,赵健民在顾问委员会就"反对和平演变,反对腐败"问题发表了重要意见。他说,"为什么西方敌对势力在这些国家搞和平演变能够得逞?根本原因是这些国家的共产党内部存在着严重的官僚主义与腐败现象,他们脱离了广大人民群众"。他在总结历史教训后,就反腐败提出了4点意见:要认识反腐问题的严重性,要抓住不放、一抓到底,要支持各部门碰硬;要发动群众,以整风精神解决腐败问题;解决好党的领导体制中的某些问题,进一步实行党政分开,使党的组织真正发挥监督、保证作用,而不陷于具体事务之中;要加强社会主义民主建设。这个讲话受到王任重、刘澜涛、汪道涵等人的赞许。1996年9月15日,中央党史研究室举行纪念中共八大召开40周年学术座谈会,赵健民应邀参加了会议的开幕式并做了发言,他认为八大有3条经验教训特别值得借鉴,这就是:坚持实事求是、理论联系实际的原则;充分发扬社会主义民主,健全社会主义法制;采取有力措施,反对腐败,加强党的建设。

王晓光

　　王晓光原名王伟（1924.7— ），河北安国人，原第三机械工业部党组成员、副部长。王晓光14岁即投身抗日救亡的斗争。1939年参加革命并加入中国共产党，9月在抗大二分校毕业。自1939年起，分别在冀中军区司令部、政治部，九分区政治部、司令部，晋冀察军区司令部任青年干事，宣传员，党支部书记，青年组组长，译电员组长、股长等。1947年在晋察冀中央局党校学习，参加土改工作团担任小区工作组副组长，赴山西省平定、阳泉参加土改工作。1948年以后，分别任华北军区司令部秘书、第四野战军司令部秘书、副科长、科长。1952年起，历任第二机械工业部办公室主任、办公厅副主任兼政策研究室主任、检查室主任，第一机械工业部、第三机械工业部办公厅副主任、主任。1973年任沈阳飞机制造厂党委书记，1978年王晓光被调回第三机械工业部，任部党组成员兼计划局长、副部长、纪检组长兼干部司司长等职。1983年调入最高人民检察院，任副检察长、党组成员。2000年11月离休。

1963年9月，王晓光调任三机部办公厅主任。他致力于办公厅和部机关的组织队伍、思想作风、工作秩序建设，整顿机关文风，建立和严格执行各项规章制度，取得了明显成效；他注重在调查研究基础上，分析航空工业面临的形势、矛盾、任务，并主持起草了一系列文件，提出了许多重要建议；他带队在沈阳航空发动机厂进行了一年多蹲点调研，总结并促进了企业体制改革、加强了"三基"（基层建设、基础工作和基本功训练）工作。1965年7月，孙志远部长在沈阳航空发动机厂主持召开了全行业领导干部参加的现场会，宣传推广他们的经验。

"文化大革命"期间，王晓光被下放到"五七"干校劳动。1973年5月，调任沈阳飞机制造厂党委书记。当时生产和工作秩序已经被"文化大革命"破坏得比较混乱，产品质量基本得不到保证，大批飞机不能出厂，特别是歼8飞机首飞后，由于受林彪提出垂直起降飞机研制的干扰，分散了歼8飞机设计定型的技术力量，延误了歼8飞机设计定型工作。王晓光上任后，认真贯彻周恩来总理、叶剑英副主席的指示，以整顿产品质量为中心，加强领导班子和党的建设，落实干部政策，支持、协同行政领导开展整顿工作，稳定了工厂形势，恢复了正常生产、工作秩序。

王晓光意识到没有规范的保障制度和科学的管理，科研人员仅仅依靠自己的经验搞科研是不足取的。他以整顿质量运动为契机，带领全厂干部职工建章立制，强化劳动纪律和工艺纪律，很快稳定了生产秩序。工厂在以他为首的厂领导班子的领导下，先后实现了歼6新Ⅲ型飞机首飞、歼6侦察机和歼6教练机的设计定型；通过试飞验证，发现并解决了歼8飞机设计定型前的多项技术关键，为歼8飞机顺利进行设计定型奠定了坚实的基础。

在歼6新Ⅲ型飞机研制过程中，特别是在飞机出现大量质量问题的情况下，根据三机部的指示精神，以王晓光为首的领导班子对该机的研制给予高度重视，对全厂干部职工在设计、生产、试飞、交付中提出严格的要求，保证了歼6新Ⅲ型飞机研制的顺利进行。1975年8月1日，该型飞机首飞成功，性能优于歼6飞机，质量好于老Ⅲ型飞机。同时，根据空军急需装备超声速侦察机的要求，厂领导班子组织参研人员在首架高空昼间侦察机首飞成功的基础上，一鼓作气，试制既能安装高空照相舱，又能安装中低空照相舱的两用侦察机，称歼6CⅡ型，于1975年1月26日首飞成功。

随着歼6飞机大量装备部队，部队急需一种能够训练超声速飞行员的教练机。1966年，三机部给工厂下达了研制任务。但由于"文化大革命"的干扰和破坏，研制工作进展缓慢。王晓光对此给予了高度重视，在他的关心、组织和努力争取下，加快了该机的设计定型工作。航空军工产品定型委员会于1973年11月5日批准该机设计定型。后又经过3年的努力，航空军工产品定型委员会于1976年12月18日批准该机生产定型，转入成批生产。该机的研制成功，为培训我国飞行员做出了重大贡献，受到

王晓光 1997 年 3 月 14 日在全国人民代表大会上

了部队欢迎。1977 年 11 月，歼 6 教练机荣获辽宁省重大科技成果奖。

王晓光狠抓了歼 8 飞机的研制工作，工厂于 1975 年 3 月 9 日成立了歼 8 飞机部件装配车间，隶属总装分厂领导。同月 27 日，国务院、中央军委常规装备领导小组对歼 8 飞机的设计定型状态做了明文规定。是年 5 月三机部和空军在沈阳召开了歼 8 白天型飞机的设计定型预备会，确定了歼 8 白天型飞机设计定型的技术状态、尚需完成的试验项目、技术攻关项目、试飞补充大纲、武器发射试飞大纲及设计定型文件目录等。根据此次会议的要求，以王晓光为首的厂领导班子组织带领工厂的试飞员、工程技术人员和地勤人员密切合作，充分利用可飞行天气，在严寒酷暑中，认真细致地做好一次次飞行数据的监测，先后发现并解决了发动机空中停车、后机身温度过高和飞机飞行时产生振动等重大技术关键，为后来航空军工产品定型委员会鉴定歼 8 白天型飞机设计定型和国家常规军工产品定型委员会批准该机正式设计定型奠定了基础。

粉碎"四人帮"后，王晓光在工厂大力开展揭、批、查工作，深入进行质量大检查，促进产品质量不断提高，企业管理不断加强。工厂于1977、1978年连续完成了国家计划，并荣获了先进企业的称号。王晓光在厂期间注重调查研究，深入基层，关心群众生活，始终以一个车间为联系点，几乎每周去参加劳动，了解基层情况。

1978年沈阳飞机制造厂全面开展了质量检查的群众运动。为完成好整顿质量和生产两项任务，工厂决定以整顿产品质量为重点，以整顿质量推动生产计划的完成。工厂抓住空军连续发生的两起质量事故的典型事例，进行质量教育，并按照"四查"（查思想、查作风、查技术、查管理）的具体要求，重点检查了歼6飞机和歼6教练机的问题。经过普遍查、系统查、重点查，全厂共查出思想问题260条，技术问题11361条，管理问题519条，作风问题367条，共12507条。针对上述问题进行了彻底整改。通过整改，不仅提高了职工的质量意识，还解决了歼6飞机试制以来一直存在垂直安定面和后机身结合时，经常出现测量点超差的问题。1978年，歼6飞机第95批质量达到或超过1973年第66批飞机的质量水平。全年生产434架飞机。

1978年7月，王晓光被调回第三机械工业部，任部党组成员兼计划局长、副部长、纪检组长兼干部司司长等职，负责计划、政治思想、干部等方面工作，并参与了新时期航空工业一系列重大问题的决策。

1983年9月，王晓光调入最高人民检察院，任副检察长、党组成员、检察委员会委员、党组副书记兼纪检组组长、机关党委书记，检察学会首任会长，检察学会更名为检察官协会任副会长、中国高级检察官教育基金会第一任理事长、中国高级检察官教育培训中心副主任、最高人民检察院咨询委员会副主任。

在最高人民检察院工作时期，王晓光依据《宪法》、《人民检察院组织法》等有关法律的规定，对检察机关的机构设置、人员编制、干部配备和管理体制，基层、基础工作建设，检察机关装备与经费管理，高检机关基本建设和检察人员的教育培训，检察专业技术人员队伍建设，司法警察队伍建设以及检察官学院的建立等进行了具体的领导、组织和实施。1990年与中央统战部一道具体领导组织实施了聘请民主党派和无党派人士担任检察机关领导职务和特约检察员工作；领导并组织成立了最高人民检察院思想政治工作领导小组，恢复设立最高人民检察院政治部，为建设中国特色检察制度做了新的探索。

王晓光是中共十三大代表，十二届、十三届中央纪律检查委员会委员，第八届全国人大代表、人大常委会委员、内务司法委员会委员和中蒙友好小组主席。

吴 瑕

吴瑕（1925.2—2001.4），河北徐水人，原第三机械工业部副部长。1939年参加八路军，次年加入中国共产党，历任班长、宣传员、随军记者、冀晋军区剧社队长、军区报社编辑、独立旅宣传科科长、华北军区师宣传科科长。1952年后历任空三师宣传科科长，空二军文化学校校长、宣传处处长，沈阳军区空军政治部宣传部副部长、部长，空二军政治部副主任，空军工程学院政治部主任，沈阳航空发动机制造厂党委书记兼厂长，第三机械工业部副部长，空军政治学院院长、党委书记，空军指挥学院副院长。1988年被授予中将军衔。他是一位由普通战士成长起来的空军高级将领。曾创作并发表了许多话剧、歌曲等文学作品。1941年在晋察冀军区被评为"模范学习干部"，1942年被授予"模范党员"称号，1946年被晋冀军区授予"毛朱红军勋章"一枚，立二等功。他参加过抗日战争、解放战争和抗美援朝，荣获国家三级独立自由勋章和三级解放勋章，中国人民解放军独立功勋荣誉章；朝鲜民主主义共和国授予的自由独立二级勋章。1969年调入沈阳航空发动机厂任军管会主任和革委会主任，1975年吴瑕被调回部队，1977年第二次回厂担任党委第一书记兼厂长，1980年被任命为第三机械工业部副部长兼国营黎明机械公司党委书记。2001年4月因病逝世。

1969年8月，吴瑕受命于危难之时，被调入沈阳航空发动机厂任军管会主任和革委会主任。当时该厂是辽宁地区有名的"重灾户"。工厂生产陷入"老大难"境地，产品质量问题十分严重，部队飞行事故连续发生，援外飞机不能按时交付，给国家经济造成了严重的损失，在政治上已影响到了国誉军威。他到厂后为了扭转这种局面，深入调查研究，和广大干部群众一起艰苦努力，稳定局面，奋力拼搏，狠抓生产，使前7个月只完成了国家生产任务不到5%的厂，到年底却奇迹般地完成了国家生产计划。仅半年多的时间，就在1970年4月甩掉了"老大难"的帽子，一跃而成为部、省和市的先进单位。

1971年12月26日，吴瑕参加了周恩来总理亲自组织召开的航空产品质量问题座谈会。他直接向总理汇报了解决质量问题的建议，提出要彻底解决飞机的质量问题，首先要重视发动机的质量；要研究高质量、高性能的发动机，必须加强发动机的科研工作。周总理称赞吴瑕航空知识学得好，指出"发动机是飞机的心脏"，并发出"三机部要下决心，下大力解决航空工业这个'心脏'问题"的指示。

回厂以后，吴瑕立即传达了周总理等中央领导的讲话精神，集中精力在全厂开展了整顿产品质量运动。他引导大家算了三笔账：一是外场事故账；二是发动机返修和更换零件账；三是援外产品账，引导广大干部和职工深刻认识产品质量工作的极端重要性。他又以卓越的组织才能，领导全厂职工开展了"思想发动、充分暴露、系统整改、检查总结"四个阶段的整顿质量运动。在这项活动中，整顿了技术基础，改革了组织机构，健全了规章制度，加强了基层和基础管理。与此同时，吴瑕认真落实党的干部政策和知识分子政策，大胆地解放在"文化大革命"中被"打倒"的公司干部程华明，并重新启用为总工程师，把"文化大革命"中"靠边站"的专业技术人才用在关键的岗位上。吴瑕在工作中坚决贯彻中央领导的指示，顶住了"整顿质量是修正主义回潮"、"唯生产力论"和"以生产压革命"等谬论，与"四人帮"在黎明机械厂的爪牙进行了不懈的斗争。经过几年的努力，使公司的产品质量达到了历史最高水平。国务院国防工办、沈阳军区协同各军工部于1973年12月在沈阳召开现场会，推广他们的经验。

同时，为了充分调动职工生产积极性，从多方面关心职工生活。当他了解到很多职工家住在市里，公共汽车比较少，三班倒上下班非常困难。领导班子经过研究决定与沈阳市交通部门合作，开通了从大东门到黎明机械厂区的13路无轨电车。当他了解到相当多的职工在家庭生活中买煤、买劈柴、生火做饭等家务负担繁重时，领导班子进行了认真的研究，向沈阳市革委会提出申请，筹措资金与矿山、中捷三个单位共同筹建煤气工程。这项工程从1971年9月21日批准，分三期历时两三年时间，使162栋楼房、12986户职工使用上煤气。这项惠及千家万户的利民工程，受到了职工和家属

吴瑕（右一）工作照

的一致称赞。吴瑕在工厂工作，始终保持着一种军人的气质。他希望工厂的工人也要像部队战士一样特别能战斗。经他提议，工厂上下班的铃声改为部队的集合号。这项动议至今一直延续下来，职工把上下班的号声亲切地称为"吴瑕号"。

1975年9月吴瑕被调回部队后，沈阳航空发动机厂又沦为"四人帮"直接插手的"重灾户"。打倒"四人帮"之后，经邓小平同志批示同意，吴瑕于1977年8月第二次回厂担任党委第一书记兼厂长。吴瑕第二次来厂，充分施展了企业改革家的风范和本领。吴瑕再次同广大干部职工一起，拨乱反正，整顿企业，当年扭亏为盈。1979年各项经济技术指标均创历史最好水平，再次成为部、省、市先进企业。

党的十一届三中全会后，吴瑕坚决贯彻中央提出的工作重点转移和"军民结合"的方针，在航空工业率先突破对性能落后的军品生产线不能调整的禁区，积极而又慎重、顺利地实现了部分军品生产线的调整，建立了高效益民品生产线，这对航空工业建设具有开拓性的影响。接着，全面改革了产品结构、经营体制和经营机制，使企业由单纯的生产型转向生产经营开拓型，企业发生了巨大的变化，利润连续三年成倍增长，1980年纯利润达到3800万元。军品外贸成交额达1.02亿美元。

在当时新的历史条件下,中央提出企业要建立军民结合体制的要求,吴瑕的思想比较敏锐,认识比较超前,敢于大胆创新,提出在军品任务下降的情况下,要大上民品生产。他强调不要"等米下锅",要求宣传部门大力宣传"四千精神",即千辛万苦、千山万水、千方百计、千言万语地去揽民品,要发动"七大姑八大姨找米下锅",要"八仙过海,各显神通",全厂有400多人外出承揽民品。经过一两年的努力,从1979年开始,从200多个开发的民品中,选出16种作为工厂直接经营的产品,并确立了自行车、铝门窗、洗衣机和化纤设备备件四大支柱,民品年产值很快达到了1000多万元。

在建设一个军民结合的新型军工企业上,吴瑕表现出了特有的魄力。他在调整、改革黎明机械厂产品结构和管理体制上采取了一整套的做法:一是敢于突破军品生产线不能调整的框框,积极而又慎重地把部分军品生产线调整为民品生产线。1981年起,调出316台设备,2000多人,腾出和新建30900 m^2 厂房面积,建立民品生产线,成立自行车(摩托车)、洗衣机、铝门窗等民品生产厂,使民品生产大幅度上升,例如建线前洗衣机月产78台,建线后不到一年猛增到月产12000台;二是大胆改革管理体制,由封闭式、大而全转向专业化、大协作,发展横向型经济联合,按产品类型组成10个专业厂,建立工贸结合的新型经济实体,从1980年起,先后与其他城市10多家企业建立经济联合体,同全国各地100多家企业建立了生产协作关系,使工厂的经济效益迅速增长;三是充分发挥军工技术优势,把握发展民品的主攻方向,支持燃气轮机开发项目,还主张承揽"三来加工",为国家创收外汇;四是积极改善经营管理,建立一套保证和促进军民品开发的管理系统,改变了"重生产、轻经营"的传统做法,还抓住市场信息,同25个市场情报所建立了市场信息网,为公司决策提供了可靠依据。

吴瑕在工厂10余年中,在发展生产的同时,坚定不移地搞好党的建设和政治工作,始终把关心群众生活与调动职工生产、科研建设的积极性联系在一起。1970年他创办了职工家属服务队,经周恩来总理亲自批准,向全国推广了他们的经验。后来发展为具有职工数千人、产值上亿元、利税千万元的劳动服务公司。

1980年8月2日,吴瑕被任命为第三机械工业部副部长兼国营黎明机械公司党委书记,分管行业的民品生产。1981年筹备召开了航空工业首届民品工作会议,全面部署、下达了全年的民品生产任务,努力把企业自发的民用产品纳入有计划的、军民结合的、建立专业化民品生产线的轨道,使全行业民品的产值达到了预期的效果,为航空工业的发展做出了贡献。2001年4月因病逝世。

姜燮生

姜燮生（1928.9— ），江苏丹阳人，原航空工业部副部长、党组副书记。1949年考入清华大学航空工程系发动机设计专业，在校期间加入了中国共产党。1953年后姜燮生先后在沈阳航空发动机修理厂和沈阳航空发动机厂工作，曾任工艺室副主任、主任、车间副主任、试验车间主任、副总工程师、技术改革办公室主任等职。因工作出色曾先后被评为青年先进工作者、先进生产者、优秀干部、优质过关一等功等称号。1963年调到成都航空发动机厂工作，先后任总工艺师、厂办主任兼生产技术处处长、厂革委会生产组副组长、生产指挥部副部长、厂革委会副主任、厂党委副书记、厂长兼党委副书记。1980年任第三机械工业部副部长兼成都航空发动机厂厂长，1982年任航空工业部科学技术委员会主任；1983年任航空工业部副部长、党组副书记，1988年任航空航天工业部副部长、党组副书记；1991年后先后任航空航天工业部科技委主任、航空工业总公司科技委主任和中国航空工业第二集团公司科技委主任等职。2010年1月退休。

姜燮生大学毕业时，原定他留校任教。当时中国的航空工业刚刚起步，需要大批航空工业建设的专业人才。由于姜燮生学的是发动机专业，他深知这个专业对航空工业发展的重要性，于是积极报名要求去航空工业发展最需要的地方，来到了沈阳航空发动机厂。他在航空发动机企业工作近30年，长期从事航空发动机制造技术和管理工作。在沈阳，他参加了以修理厂为依托，创建航空发动机制造厂的全过程，组织领导过多种型号发动机修理、制造等技术工作，参与并组织20多项新工艺、新设备的试验研究工作，先后参与组织试制了两种离心式发动机和一种轴流式发动机，保证了发动机优质过关和投入批量生产。

姜燮生调到成都航空发动机厂工作是1963年9月，正好是成都航空发动机厂建成进入生产发展的关键时刻。成都航空发动机厂在贯彻党中央、国务院"调整、巩固、充实、提高"八字方针过程中，基建、生产等各方面都得到了顺利发展。基本建设经过彻底返修加固和增建，到1964年9月基本建成，12月通过了国家验收；涡喷6发动机从1962年开始做生产准备，到1964年9月试制成功，通过了国家验收鉴定试车，同年10月经国家航空军工产品定型委员会验收合格转入批量生产，1965年就生产涡喷发动机151台，到1966年增加到年产602台。在这一过程中，作为成都航空发动机厂总工艺师的姜燮生，由于有了在沈阳两个发动机厂的工作经验，发挥了他应有的作用。

涡喷6发动机是1963年1月由三机部批示从湘江机械厂转入成都航空发动机厂的，同时三机部也批复同意航空工业局"关于将涡喷6发动机由沈阳航空发动机厂转成都航空发动机厂的报告"。根据此情况，成都航空发动机厂党委多次召开会议研究试制方案和生产进度，决定发动全厂职工克服困难，在1964年"十一"前试制成功。

在做工艺装备选用时，姜燮生决定充分利用湘江机械厂移交给成都航空发动机厂的工艺装备，组织生产必须的"0"批工夹具的配套补缺，极大地加快了工艺装备安装进度，到1964年3月完成了工艺装备制造任务，为总装试车做好了准备。与此同时，姜燮生又和冶金部门配合，根据试生产方案规定的精神，分别拟定了工艺、冶金的试生产实施细则，发到各有关单位贯彻执行。试制涡喷6发动机是一项系统工程，由于产品是从沈阳航空发动机厂转来，所以与沈阳航空发动机厂协调也非常重要，一些技术、工艺上的重大更改，都要经沈阳航空发动机厂同意，并经成都航空发动机厂总工程师批准和军代表同意后下发各部门贯彻落实。在这过程中，在姜燮生的领导下，在工艺方面复制了工艺规程3755本，工艺说明书156本，工艺装备图样16042份。此外自制工艺规程233本，工艺说明书11本；在试制过程中发出更改单2833份，自行设计工艺装备图样1904份。在试制过程中，也暴露出一些问题，发现工艺规程中的问题2112项，都得到了及时更正。涡喷6发动机"0"批工具的选择，是根据"确保质量、掌握技术、试成后能迅速转入小批生产"所需要补充的数量。经过多次反复平衡，最

姜燮生工作照

后确定"0"批工艺装备选用15116项，其中冷加工系统所需用的工装为13805项，热加工用的工装为1311项。同时成都航空发动机厂工具制造车间也为"0"批冷加工工艺装备8636项。在工厂进入试制阶段，姜燮生要求工艺员们深入生产一线，跟班到底，道道工序做好原始记录，零件试制成功后要做好试制总结，为今后生产积累经验。在全厂干部职工共同努力下，在兄弟单位的大力支持下，1964年10月11日，涡喷6发动机通过了国家航空军工产品定型委员会的鉴定，投入批量生产。

"文化大革命"时期，姜燮生也同样受到了冲击，但他坚持真理、坚持科研生产。"文化大革命"结束后，姜燮生又焕发了青春，全身心地投入到新时期的经济建设中去。1980年中期，传来了1981年军品任务将大幅度下降的消息，在姜燮生的领导下，组织多方面力量，进行市场调研，决定大力发展民用产品，开发出多种老百姓生活必需品，弥补了成都航空发动机厂没有支柱民品的历史，有的产品还获得部、省级质量评比第一名。1981年，成都航空发动机厂民品产值比1980年增长95.7%，1982年比1981年增长243%，民品产值1982年占全厂总产值的21.3%。在姜燮生领导下，成都航空发动机厂在1981年还开展全面经济核算工作，根据各基层单位不同性质，提出了"独立核算、自负盈亏"、"以收抵支、定额补差、超支扣奖、节约分成"等多种核算方法，还制定了多项管理制度，为工厂全面推行经济核算打下了基础。

"文化大革命"给国民经济造成严重破坏，航空工业也遭受巨大创伤。姜燮生受命担任厂长，坚定沉着，实干创新，拨乱反正，严肃认真地开展全面的质量整顿，组织全厂职工使返厂修理的2000多台发动机全部优质过关，出厂后再未发生质量事故。他因此两次荣获航空工业部颁发的优质过关立功奖。与此同时，他十分重视企业管理工作，主持推行"指标、管理、评比、奖励"四结合为内容的管理模式，创造和积累了一套大型企业管理经验，收到显著成效。1978—1979年，成都航空发动机厂连续被评为全国先进企业。他组织对涡喷6发动机生产线进行技术改造，在保证质量的前提下，发动机年产量从100台跃升到1000台以上，并成功地将发动机寿命延长一倍。他还组织了两种发动机的测绘仿制工作。

姜燮生在担任部领导工作期间，根据航空工业要成为国民经济技术装备部和出口创汇主力军的总目标和要求，提出"搞活经济，出口创汇，发展航空"的发展思路，为扭转航空工业困难局面，促进经济好转，推动全局的改革发展做了大量工作；狠抓军转民多层次开发、全行业技术改造和以经济承包为主要内容的企业配套改革；狠抓航空工业的外贸出口工作，积极推进国际合作，果断决策与巴基斯坦合作研制K8教练机和与美国合作生产FT8燃气轮机，大力发展航空零部件转包生产，加快了出口创汇的步伐；组织实施了与新歼击机相配套的新发动机的研制工作，并狠抓了发动机科研领域的基础建设工作，为航空工业的改革开放与发展做出了贡献。

姜燮生担任航空工业科学技术委员会主任后，积极发挥专家群体作用，组织对航空工业全局性、战略性、综合性的技术与经济重大问题进行调查研究，提出一些有见地、有价值的建议，为航空工业长远发展和战略决策起到了支持作用。

姜燮生是中共第十二、第十三届中央候补委员，第八、第九届全国政协常委。曾任全国工业经济协会副会长、顾问，航空工业企业管理协会理事长，全国模具协会副理事长，全国尖端技术协会副会长，北京航空航天大学经济管理学院院长等。曾获"在献身航空、服务四化的伟大事业中艰苦奋斗三十年"重大贡献奖、航空工业40年特别荣誉奖。

何文治

何文治（1931.2—1995.1），陕西乾县人，原航空航天工业部副部长、党组成员。1949年考入西北工学院，后转到清华大学航空学院学习。1952年毕业后分配到江西洪都机械厂工作，历任技术员，技术室主任，技术监督科副科长、科长，工程师，歼6飞机主任设计师，导弹分厂主任，厂副总工程师兼导弹设计所所长等职。1978年任直升机研究所所长，1980年任第三机械工业部副部长、党组成员、科技委主任。1989年任航空航天工业部副部长、党组成员。何文治曾兼任中国航空科学技术研究院院长，中国航空学会副理事长，全国质量协会副理事长，西北工业大学、南京航空航天大学名誉教授，北京航空航天大学顾问教授，郑州航空工业管理学院客座教授，山东省、陕西省政府经济顾问，全国扶贫基金会、老区建设委员会顾问等职。1988年获"在献身航空、服务四化的伟大事业中艰苦奋斗三十年"荣誉奖和国家级有突出贡献的中青年科技专家称号。1995年1月因病逝世。

1952年12月何文治到洪都机械厂工作后,负责抗美援朝飞机修理工作的质量监督、质量分析和技术检验工作,并负责我国研制的第一架飞机初教5的质量监督,参加了飞机试制的全过程,编写了试飞大纲,并组织试飞。1958年他组织领导了我国自行设计的初教6飞机的试飞工作,负责全面质量保证,提交国家试飞鉴定。1958—1960年研制歼6飞机时,担任主任设计师,主持制定了飞机静力试验方案并取得了试验成功。

1960年,何文治被任命为上游1号反舰导弹型号办公室主任。在他的组织下,成功地试制生产了全部国产化的海防导弹。1966年11月以9发8中的成绩完成了上游1号导弹的定型试验,提前两年研制成功,并装备了部队。1965年,何文治组织设计海防导弹——海鹰1号岸舰导弹,经过近千次的试验,终于实现了自行设计与仿制比翼齐飞。后来又改型为舰用海鹰1号导弹。1970年,为了解决导弹飞行掉高度问题,采用无线电高度表替代膜盒式高度表来控制导弹,进一步降低巡航高度,提高突防概率和攻击效果,导弹多次试验均获成功。

从1974年开始,何文治积极组织改进型上游1号甲导弹,1977年下半年进行设计定型试验,但试验未达到要求,他心情极为沉重。1981年2月,已任第三机械工业部副部长的他到厂主持召开了产品故障分析会,决定再用3枚导弹做地面和飞行摸底试验,试验取得好成绩。上游1号甲导弹1985年获国家科技进步二等奖,何文治是第一获奖人。

1978年12月,何文治调任直升机设计研究所所长。当时中国直升机研制面临直6停产,直7下马,已生产20年的直5没有后继机。何文治到任后,他从调研入手,组织制定了《我国直升机发展规划的建议》,为研究所的生存和发展奠定了基础。接着他主持了武装直升机的方案论证以及优化设计、抗坠毁技术及武器火控系统三大关键技术的研究。他还领导了直8的研制生产,组织成立了直8型号指挥部,使研究所、主机厂、配套厂在统一的目标下拧成一股绳,加快了研制的速度。在直9专利引进后,他又组织全所技术人员开展反设计工作,为吸收国外先进技术起到关键作用。经过几年的努力,扭转了直升机研制的困难局面,使我国直升机研制走上了一条有计划、有步骤、有目标的系列发展的轨道。

1980年8月,何文治被任命为第三机械工业部副部长。还未到北京报到,即从江西被派往上海组织我国第一架自行设计制造的大型客机——运10的试飞。运10飞机,没有请外国专家,是完全独立自主研制的,该机的研制在"文化大革命"中遭受到"四人帮"严重干扰破坏,技术上不可避免地受到某些局限,加上我国没有设计大型客机的经验,但在研制中突破了我国长期沿用的设计规范,使运10机体国产化率达100%,航电和机载系统国产化率达96%。因此,运10试飞是件风险较大的任务。何文治没有参加运10的设计、制造全过程,心中没有底。担任运10试飞组长不仅责任

1989年5月1日何文治（中，着便装者）视察南海舰队

大、风险更大，但他还是服从决定去了上海。在上海市领导的支持下，他详细了解研制情况，听取研究所及工厂的汇报，然后对一个个技术问题进行了严格的审核、检查、计算，夜以继日地连续紧张工作了20多天。经过认真审定后，何文治向部党组发出"运10飞机试飞工作一切准备就绪，请批准试飞，保证万无一失"的电报。这一电报表示何文治对自己的工作充满信心，是一位知难而上、敢于负责的科技领导干部。运10飞机按计划于1980年9月26日顺利首飞上天，后来还飞抵北京、哈尔滨、乌鲁木齐、郑州、合肥、广州、昆明、成都，7次飞抵拉萨，到1985年为止，共飞了130个起降，170小时，没有发生过故障。运10飞机虽未能取得适航证，但给设计人员壮了胆，为日后自行设计大型客机打下了坚实的基础。

1985年4月，上海航空工业公司（简称上航公司）与美国麦道公司签订了在上海合作生产25架MD-82飞机的合同。上海飞机制造厂MD-82生产线将作为麦道公司MD-82飞机生产线的延伸。但上海生产MD-82须经美国联邦航空局（FAA）审查合格，取证成为这个项目的关键。美国FAA三次赴上航公司认证均未通过。为了尽快取得生产许可证，何文治亲自去了上海，组织落实取证工作。他深入到每个车间，每个角落，了解查看情况，从计量室的温度、水的净化到质控系统，结合发现的问题，提出了整改措施100多条，并一一落实，终于顺利通过FAA的审查，取得生产许可证。在此基础上，上航公司与麦道公司又合作生产了MD-83飞机返销美国，飞机质量在美国引起了轰动。美国FAA指出532项检查项目,上航公司一次检查合格率为95%,麦道公司只有51%,MD-82生产使上航公司基本形成了符合FAA要求的质量保证体系。

1981年底,何文治受命处理某型飞机事故问题。他带领有关人员亲自深入现场,动员当地群众搜集资料,请各方面专家一道分析事故原因,最终做出了正确的结论,采取针对性措施,消除了隐患,保证了飞行员的安全,充分体现了他对科学严肃认真的态度和高度的责任心。

1982年4月,何文治兼任运7试飞组长。他多次参加试飞,成功地组织完成了运7飞机单发起降试飞工作。

1983年,何文治被任命为空空导弹重点工程总指挥部总指挥,实行大系统矩阵管理,工程取得成功。

在担任歼8Ⅱ飞机型号研制总指挥期间,何文治大力推行技术、经济、进度"三坐标论证"和总设计师技术责任制、行政指挥责任制、经济承包责任制和质量检查责任制的"四坐标管理",沈阳飞机设计研究所、沈阳飞机制造厂和几十个部内外配套单位、军队,步调一致,严格实行系统工程管理。为了明确权责,专门任命了型号总指挥、总设计师、总工程师、总质量师、总会计师,展开平行交叉作业,保证了飞机于1984年6月12日首飞成功。

何文治在兼任航空科学技术研究院院长期间,积极推进国际科技交流合作,取得突破性进展,研究院先后与世界上26个国家和地区建立和发展了科技合作关系,推动了我国航空科技水平的提高。

何文治在航空工业工作期间,由他主编或参与主编的著作有《航空机载设备系统管理》、《海鹰1号系列与051舰上导弹武器系统文集》、《中国航空工业技术政策》、《中国共产党人思想宝库》、《道德建设》和《世界名人论科学技术》等。1992年9月,何文治做了肺癌手术,但仍钟情于我国的航空工业和科学技术事业的发展,发表了《机载低空风切变探测告警回避技术综览》等很有价值的论文。还积极为我国宝钢、三峡、京九铁路等大型重点工程提供了系统论方面的咨询。1991年李鹏总理签发奖状嘉奖他在北京正负电子对撞机建设中做出的重大贡献。1995年1月因病逝世。

莫文祥

莫文祥（1923.10— ），山东夏津人，原航空工业部部长、党组书记。1938年参加革命，同年加入中国共产党。历任八路军129师支队通讯员，河北抗战学院指导员，八路军120师政治部宣传干事，晋绥军区政治部秘书、巡视团副团长，东北民主联军总政治部干事，四野军工部第三兵工厂政委，沈阳53工厂监委（政委）、党委书记。1952年调入航空工业，曾任沈阳航空发动机修理厂厂长，沈阳航空发动机厂厂长、党委书记。1951年获沈阳市劳动模范称号。1958—1961年在北京航空学院特别班学习。1961年后任沈阳飞机制造厂厂长；沈阳市第二工业部部长、市委书记处书记；1972年任沈阳市革委会常委兼国防工办主任、党的核心组组长；1978年4月任第三机械工业部副部长、党组副书记；1981年9月任航空工业部部长、党组书记。莫文祥是中共十二大、十三大代表，第十二届中央委员会委员；第一、第七、第八届全国人大代表；第七、第八届全国人大常委会委员、人大财经委员会委员；全国总工会第七届执行委员。航空工业创建40周年时，获特别荣誉奖。1999年6月离休。

莫文祥在解放战争时期即开始从事军工工作。新中国成立后，在53工厂工作期间，该厂被中央和全国总工会誉为"全国第一个依靠工人阶级办好国营企业的先进企业"。

莫文祥在沈阳航空发动机修理厂期间，组织完成了大批喷气式发动机修理任务，修理技术大为提高，特别是提高了喷气发动机火焰筒的修理水平，使126台有火焰筒故障的发动机得以修复出厂。在两年多的时间里，通过4种、2000多台喷气发动机的修理、装配、试车和近3000种零备件的制造，培养出一支专业齐全的职工队伍，较好地掌握了制造技术，为从修理过渡到制造打下了基础。1954年6月1日，沈阳航空发动机厂破土动工。根据航空工业局制定的"老厂创建新厂"和"一长双跨"的原则，莫文祥统筹兼顾新、老两厂的全面工作，使新厂建设和新发动机试制能够充分利用老厂的条件，实行合理的平行交叉作业。为歼5飞机配套的涡喷5发动机试制工作先行在老厂展开。在莫文祥的组织下，新、老两厂试制的首批涡喷5发动机于1956年6月通过试车鉴定，转入成批生产，比原计划提前1年零4个月，当年就生产出40台。同年11月，沈阳航空发动机厂建设工程通过国家验收，质量总评为优。该厂总投资2.1亿元，生产建筑面积23万米^2，设备2000台，职工1.3万人。工厂建设从开工到投产只用了一年半时间，比原计划提前1年零3个月，实现了中国第一个喷气发动机厂建设和试制新发动机的高速度。1956年9月10日，中共中央、国务院给沈阳航空发动机厂全体职工发了贺电。

1960年11月，中央派莫文祥到沈阳飞机制造厂工作，并于1961年2月经中央同意莫文祥任厂长。莫文祥上任后，根据1961年国防工业委员会下发的《关于在国防企业中开展整风运动的指示》精神和中央关于在全国工交企业开展整风运动的要求，立即组织在各级领导干部，特别是在厂级领导干部中开展以整顿领导思想作风为中心，以整顿产品质量和反浮夸风、共产风、命令风、瞎指挥风和特殊化风为内容的企业整风运动。莫文祥代表工厂领导班子向全厂职工传达了企业整风文件，并自我检查。全厂职工围绕生产进一步进行思想鸣放，至1961年7月初，共提出意见10889条。为解决群众提出的问题，工厂先后召开各种类型调查会794次，组织整改突击队与三结合小组414个，有2355人参加。

1961年4月初，整风运动进入整改阶段。莫文祥与党委班子成员共同决策，将厂部干部与上级工作组人员共50名分为5个工作组，深入到型架、铸造、起落架、总装车间和部件装配科五个重点单位，帮助整顿产品质量、整顿队伍、整顿纪律。在此期间，全厂进一步健全了组织机构、各类人员的岗位责任制和技术、生产计划、质量、劳资及财务管理、技术教育、卫生等132项规章制度，使广大干部职工专心工作、努力学习，不断提高责任感和业务素质，从而为扭转企业管理的混乱局面起到了很大作用。

莫文祥要求厂部领导每周召开一次厂务会、生产会议，并形成制度。在生产上加强作业计划的检查，发挥调度网的作用，厂总调度室昼夜有人值班，加强夜班生产的指挥和领导。反映品种、质量、成本为主要内容的商品产值、总产值等7种经济指标下达到车间、班组和个人，基本上做到生产有指标，日、周有检查，月末有考核、有评比，对促进生产起到了较大作用。他还抽调中层干部、工程技术人员和工长级干部、技术工人充实加强生产一线与重点单位。亲自过问生产、技术质量的关键和问题，了解工厂机床、设备和工夹具完好状况。这些措施为工厂完成调整时期的生产任务和歼6飞机优质过关创造了有利条件。1961年3月，全厂的工时利用率已由1、2月的7%、11%上升到29%，并逐月增加，到8月份已增加到62%。

为确保产品质量，根据贺龙副总理关于"材料不合格工厂不验收，上道工序不合格下道工序不验收，飞机不合格空军不验收"的指示精神，莫文祥组织加强进厂材料复检、工序检验和制成品检验工作。仅1961年化验入厂原材料22858项，并在全厂范围内开展整顿材料、成品管理工作，清理了所有库房。对"大跃进"时期造成的混杂材料重新鉴别分类，然后检查验收，并颁发仓库管理、材料收发制度。随着企业整顿的开展，工厂产品质量不断提高，废品率逐步下降。到1961年10月，优良品率由8月的66.5%上升到80%，废品率由8月的0.585%下降到0.215%。

20世纪60年代初，是缺粮少菜时期，很多职工营养不良，体质下降，疾病高发。但全厂并没有被暂时的困难吓倒，根据中央和省市的指示精神，莫文祥在工厂开展"人人动手，户户种菜"的群众运动，并抽调工人和技术人员在开原县创办了3000多亩地的农场，扩大农副食品生产基地。同时还在厂房、住处房前屋后垦荒种植蔬菜和谷物。1961年共种蔬菜3500余亩，收获蔬菜900万斤，粮食54万斤，解决了部分粮菜不足的问题，职工营养初步得到改善，稳定了职工队伍。

1961年7月18日—8月14日，国防工业委员会召开工作会议。着重研究国防工业贯彻执行国民经济调整时期"八字方针"问题，决定缩短生产战线，调整1961年、1962年的生产计划并精简职工。并决定歼6飞机试制工作暂停半年，零备件制造与新机试制关系上，两三年内应该集中一切可以集中的力量，并根据原材料供应的可能，以零备件生产为主，同时适当兼顾新机试制。工厂根据国防工委会议精神，调整了生产计划，从1961年9月至1962年1月，将歼6飞机试制工作暂停5个月。在停产整风同时，根据部、局年初下达的保证导弹、歼6飞机试制及备件生产，为完成103号机、102号机返修和导弹测试车、雷达拖车及副油箱制造等任务，莫文祥带领全厂职工按照"以整风为纲，以生产为中心"的行动指南，一方面参加整风运动，一方面逐步恢复生产。全厂集中力量突击生产空军急需的飞机零备件。各生产车间将备件任务具体落实到机床和个人，并组织各方面力量解决生产技术问题。在分配上改"劳动竞赛综合奖"

莫文祥（右）向邓小平汇报工作

为"计时超额奖"，调动职工积极性。9月生产工时利用率上升到67%，完成该月零备件订货任务。早在1959年，103号机平尾地面操纵试验出现抖动问题，造成飞机无法出厂。为此，莫文祥组织成立有关厂外科研单位和空军参加的领导干部、工程技术人员和工人三结合攻关组及解决抖动工作组，反复在19架飞机上进行了18项1200多次试验，终于突破了这项技术关键，发现平尾抖动是飞机设计的问题。他们摆脱原有技术资料的束缚，运用基本理论分析，最终认为操纵平尾的助力器油门结构不好是产生平尾抖动的主要原因，通过加装液压阻尼器等措施解决了技术关键。

组织做好歼6试制前工艺准备是莫文祥在沈阳飞机制造厂工作期间一项重要工作。1961年1月27日，中央军委国防工业委员会党组决定，工厂重新仿制米格-19C型飞机（后于1964年11月改称歼6）。接到任务后，莫文祥立即组织开展该机型的试制工作。一是制定飞机试制工艺总方案。该工艺总方案包括435项指令性工艺文件，为歼6飞机试制生产准备工作的指导文件。二是组织做好全机模线样板制造。1961年3月开始绘制模线，6月开始制造模线样板。全厂数百名工艺人员及工装设计人员奋发图强，夜以继日，自行编写了23897份工艺规程，自行设计了129140页工艺装备图样，为飞机试制提供了具体技术资料。

1978年4月，莫文祥调任第三机械工业部副部长，受部党组委托，莫文祥率工作组进驻西安航空发动机厂，指导帮助工厂引进英国军用斯贝发动机技术，试制涡扇9

发动机。他到厂后与陕西省政府共同组织有关厂所、院校在技术资料翻译校核、工艺装备制造等方面给予支援协作。工厂的涡扇9试制工作从1976年展开，1979年制造完成4台发动机，并完成150小时持久试车考核。1980年又在英国完成高空模拟试车等试验工作，涡扇9发动机制造成功。他还对中航技公司的成立，开展对外交流对外出口，开创"三来加工"业务，给予关注和支持。同时亲自带队考察建立深圳工贸中心，是第一个进入深圳的军工企业。在三线企业搬迁过程中，莫文祥亲自到现场，听取群众呼声，和省、市领导谈，解决了几个厂所几十万人的后顾之忧。

1981年9月莫文祥任航空工业部部长，他按照"科研先行、质量第一"和"按经济规律办事"的方针，狠抓航空产品的"更新一代、研制一代、预研一代"。1983年，在他主持下，航空工业按轻重缓急安排了"三个一代"的机型顺序，即由横排队改变为三个梯次：第一梯次即更新一代，主要是歼7、歼8和歼8Ⅰ、运7、运8和强5Ⅰ等；第二梯次即研制一代，主要为歼8Ⅱ等机型；第三梯次即预研一代，主要为90年代—2000年为空军提供的新型号而进行的预先研究和型号研制。截至1988年，航空工业实现了"更新一代"的目标，"研制一代"和"预研一代"的工作也取得重要进展。

莫文祥在狠抓军机研制的同时，也积极推动民用飞机的发展。在他主持下，航空工业于1985年11—12月在北京举行运7-100、运12、运8飞机和直9直升机汇报表演。12月1日，国务院副总理李鹏、姚依林等参观并乘坐了运7-100飞机，并由李鹏主持，在现场召开了国务院办公会议，支持国产民用飞机的发展。1986年4月，航空工业部在北京举办了首届国产民用飞机汇报展览会，取得了中央领导和社会各界的广泛重视与支持。运7、运8和运12飞机的研制生产进入新阶段。运7飞机于1986年4月首次投入中国民航国内航线运营。

莫文祥认真贯彻"军民结合，平战结合，军品优先，以民养军"的方针，大力发展民品生产。1985年8月，面对军品任务陡然下降的形势，他召开航空工业紧急会议，动员全行业"认清形势，服从大局，丢掉幻想，下定决心，保军转民，大转、快转、全面转"，进行产业结构调整。航空工业开始由单一军品型向军民结合型转变。在确保军品科研生产任务的同时，调整了产品结构，按照市场需求，开发了工业燃气轮机、轻纺、食品、车辆、制冷等设备与产品，民品产值占总产值的比重逐年提高，1985年为42.3%，1988年为73.8%。

1982年1月，中共中央、国务院《关于国营工业企业进行全面整顿的决定》下达后，莫文祥立即按照中央精神，在航空工业开展以提高经济效益为目标，以加快产品更新、提高产品质量为重点的全面整顿。并结合航空工业实际，确定把事业单位的整顿与企业单位同时安排，把部机关的整顿建设与企事业单位结合进行，收到了较好的效果。

莫文祥推进建立以承包为主要内容的经济责任制，使企业由单纯生产型向科研、生产、经营型转变，全行业经济效益显著提高，"七五"期间各种上缴的费用总额为25.27亿元，为"六五"期间的4倍。

莫文祥组织开展对外开放工作，引进国外先进技术，开展多种形式的国际合作。1987年6月，莫文祥率团参加第37届巴黎国际航空航天博览会，强5、歼教7和运12三种飞机第一次在国际航展上亮相，产生了较大影响。20世纪80年代，航空工业企业从封闭型转变为开放型，经营活动开始走向世界。至1988年，出口成交总额为23亿美元。

中国航空工业创建40周年时，莫文祥获特别荣誉奖。1999年6月离休。

高镇宁

高镇宁（1929.10—1996.2），辽宁辽阳人，原航空工业部副部长、党组成员。1949年3月加入中国新民主主义青年团，同年6月加入中国共产党。1949年10月以优异成绩考入清华大学航空系，被推选为系团支部书记，校团委委员兼组织部副部长。1952年9月大学毕业后，分配到洪都机械厂先后任技术员，模线室主任，车间主任，外场科副科长，设计科科长，飞机设计室代主任，设计所副所长、所长等职。1978年调西安飞机设计研究所任所长兼总设计师，1982年任航空工业部副部长、党组成员兼科技委主任。1985年任中国科协党组书记、书记处书记、国家科委党组成员、国家科委委员、中国科协副主席等职。1996年2月因病在北京逝世。

高镇宁在洪都机械厂从事飞机设计工作近30年，参加过雅克–18、拉–9、安–2、米格–19等机种的修理、仿制设计，攻克了传递飞机气动外形和保证零部件装配协调的飞机制造的关键——模线样板技术。在初教6飞机和强5飞机设计试制中，做出了突出的贡献。

1958年高镇宁任飞机设计室主任，领导着80人的设计队伍，平均年龄不到24岁。就在这时，初教6飞机的研制从沈阳转到南昌，高镇宁任主管设计师，与沈阳飞机制造厂飞机设计室屠基达带领的20多人密切合作，用不到两个月的时间，设计完成了全机生产蓝图万余幅。1958年8月27日，初教6样机飞上蓝天，这是新中国第一架自行设计、制造的螺旋桨飞机。继续试飞后，发现选装的发动机与飞机不相匹配，性能达不到战术技术要求，高镇宁果断决策，确定改用苏制AH–14P发动机，经过试飞，效果很好。为了满足空军列装训练的需要，1960年12月，高镇宁带领设计队伍，开始设计定型样机。1961年12月定型试飞成功，投入成批生产，正式列入空军装备训练系列，已生产3000多架，除装备我军外，还出口多国。1979年初教6飞机获得国家质量金奖。

高镇宁还担任强5飞机主管设计师，是全机设计技术的总负责人，与著名飞机设计师陆孝彭密切合作，使得飞机气动布局正确合理，不但满足战术技术要求，又具有鲜明的特色。高镇宁勇于承担风险又富有首创精神，如当时设计试验设备奇缺，高镇宁主张不依不靠，自力更生，采用土法上马、土洋结合的办法，自己动手建造近百台试验设备，保证了设计试验的顺利进行。如燃油系统地面模拟试验台是一个自己设计的框架式三轴转台。用手摇绞车驱动，模拟飞机的俯仰、倾斜姿态，在运动中测量供输油参数。1964年建成，先后完成了500余次全尺寸系统试验。依据试验获得的数据，改进和完善了系统，保证了飞机在各种飞行状态下安全、准确地输油、供油，同时控制飞机重心在允许范围内变化。试验台虽然较"土"，但它是我国第一个燃油系统试验台，满足了设计试验的需要，也为日后设计更现代化的试验台积累了经验。

我国自行设计的超声速喷气式强击机强5飞机装备部队后，高镇宁特别关注其实际使用情况。强5改进改型研究始终没有间断，先后完成的多种改型机，都已大量装备部队，形成了强5家族，是我军一个具有威慑力的对地攻击机种，并且还出口到多个国家。1985年强5及其改型机获国家科技进步特等奖，在主要完成人中高镇宁名列第二。

1978年高镇宁被调任西安飞机设计研究所所长兼总设计师。该所正进行国家重点任务"飞豹"飞机的技术设计。高镇宁经过深入调查研究、反复论证，对飞机设计方案做了全面调整改进，使飞机设计方案进一步优化、完善。后来试飞证明这些方案的调整是正确的，为"飞豹"成功打下坚实的基础。

高镇宁工作照

1982年高镇宁调任航空工业部副部长，兼任中国航空研究院院长和部科技委主任。他分管航空工业部的科研工作并主管两个国家重点飞机的研制。为了加速航空产品的更新换代，高镇宁狠抓航空科研工作，他支持科研例会制度，尊重专家意见，实行民主决策；突出科研重点，围绕关键技术和基础技术开展工作，一抓到底；推行科研院、所改革，密切技术与经济的结合，加速科研成果商品化；注重人才培养，建立专家咨询系统，培养了一批学科带头人；推进国际间的技术合作。在他的领导下，航空科技"六五"计划胜利完成，一些关键技术取得显著成绩，为制定实施"七五"计划创造了良好条件。

1985年，高镇宁调到中国科学技术协会任党组书记、书记处书记，兼任国家科委党组成员、国家科委委员。1986、1991年当选为两届中国科协副主席，主持中国科协日常工作。在科协各项工作中，高镇宁始终坚持科协工作必须以经济建设为中心，团结组织广大科学家和科技工作者高举"科技兴国"旗帜，通过开展学术交流、科技普及、决策咨询、科技教育、技术服务和实施旨在促进科研机构、高等院校和厂矿企业联系合作的"金桥工程"等工作，为社会主义物质文明和精神文明建设服务。

在学术交流工作方面，高镇宁坚持贯彻百家争鸣的方针，在学术问题上鼓励自由探索、自由讨论，强调科协组织要围绕国家经济、社会发展中的重大课题，组织多学科的综合性学术研讨和政策建议，推动决策科学化、民主化；积极推动科协组织为对外开放服务，进一步拓展与海外的民间科技交流。

在科普工作方面，高镇宁贯彻钱学森主席"科学是文化的重要组成部分"的思想，提出科普工作重点要放在开发智力上，寓精神文明建设于科普活动之中，多次呼吁要高举科学大旗，用科学精神、科学道德和科学方法与愚昧、迷信、落后和各种丑恶现象作斗争。

高镇宁在不担任科协一线领导职务后，以科协全国委员会副主席身份，组织中国科协机关和全国学会、地方科协一批老同志成立了科协工作实践与理论研究组，通过调查研究探索和总结科技群众团体的工作规律，为科协事业发展贡献力量。

在担任繁重的科协领导工作的同时，高镇宁仍然刻苦钻研航空技术，作为兼职教授指导数名研究生。在病重期间，他仍关心航空工业的发展。在高镇宁的倡导下，积极支持中国航空学会等学术团体，联合王大珩、师昌绪等一批著名科学家向中央建议，把航空重新列入国家重点发展的高技术领域。经多方努力，已将航空作为高技术列入国民经济和社会发展的五年计划及远景规划。

高镇宁是中国共产党第十三、第十四次全国代表大会代表，中共十三届中央委员会候补委员，第八届全国政协常务委员。1996年2月因病在北京逝世。

王　昂

　　王昂（1935.11—　），上海市人，原航空工业部副部长。1953年考入北京航空学院飞机制造专业，毕业前夕恰逢航空工业部门从应届毕业生中招收试飞员，王昂报了名，经体检政审合格后进入空军第三航空学校学习飞机驾驶。毕业后，在空军部队当战斗机飞行员。1966年，王昂选择了充满危险和艰辛的职业，调入第三机械工业部试飞研究所，先后担任试飞员、试飞大队长、试飞团副团长、试飞研究院院长等职。王昂多次出色完成任务，1978年获全国科学大会的表彰，1980年1月被中央军委授予科研试飞英雄称号，中央军委向他颁发了一级英雄奖章。1985年歼8飞机（白天型、全天候型）获国家科技进步特等奖，他是主要获奖人之一。1985年后先后任航空工业部副部长，航空航天工业部总工程师、副部长，中国航空工业总公司常务副总经理、中国航空工业第一集团公司科技委主任、中国航空学会副理事长、中国复合材料学会理事长、北京航空运动协会会长等职。2010年退休。

王昂在大学毕业前夕，与老师和同学们一起参加了新中国第一架旅客机——"北京1号"的制造、试飞工作。北航师生自行设计制造的飞机由谁来试飞成了大问题。我国著名飞行员潘国定愿意首飞，这种大无畏精神给王昂很大的启示和鼓舞。于是王昂报名参军，成为我国第一位有大学本科学历的战斗机试飞员。王昂在试飞研究所（院）工作长达18年，先后担任试飞员、试飞大队长、试飞团副团长、试飞研究院院长等职。在27年的飞行生涯中，飞行3306架次，1326飞行小时，其中承担科研试飞617架次，350飞行小时；参加和完成11种新型号飞机、4种发动机、两种新型导弹的定型试飞和100多项科研课题试飞。

1970年6月28日，王昂驾驶歼6飞机作空中特技动作，突然发生剧烈的纵向摆动和左右摇晃。这时飞机的高度已由5500米下降到2500米，他立即把飞机拉起，向地面指挥报告情况。这时，飞机又产生了摆动摇晃，他意识到操纵系统出了故障。飞机急剧下降。他想，只要还有一线希望，就要把飞机飞回去。他降低飞机飞行速度，应急把飞机改为电操纵，使摆动停止，终于安全落地，挽救了飞机，为改进国产歼击机提供了宝贵的资料。

1976年5月28日，王昂试飞我国自主研制的歼8型歼击机，按预定计划完成了12500米高度上的科目后，正准备在8000米上进行马赫数1.5的检飞动作。当他打开加力，马赫数增到1.24时，整个仪表出现了抖动。他当即将情况向地面指挥员作了汇报，并继续增速。可是当马赫数超过1.35后，抖动并未消失。怎么办？是进还是退？他想，作为一个共产党员，一定要千方百计地完成党交给的每一次试飞任务，如果有点不正常就退回来，一种新型机种的性能何时才能试得出来？转眼二三秒钟过去了，当马赫数增到1.41时，抖动加剧，仪表也看不清了，随即听到"嘣、嘣、嘣"三声巨响，好像有重物打击飞机尾部一样（事后才知道是由于左发动机加力燃油导管断裂后，燃烧气体从操纵连杆连接处冲出，把垂直尾翼根部打了3个大洞）。他果断地采取了应急措施，才使抖动停止。

王昂一面继续观察飞机工作情况，一面收油门，下降高度。当下降到4000米时，听到进气道声音粗糙、发动机振动，他意识到飞机出现的一系列异常现象决不是一般问题，必须争取尽快落地。可是，当飞机在顺风2米/秒的条件下接地时，又放不出减速伞（据事后检查，减速伞已烧坏），他立即关闭左、右发动机，并使用刹车。飞机速度仍然很大。突然间他发现一辆自行车载着2个人在右机翼前方出现。在这千钧一发之际，他一下把应急刹车拉到底，左轮当即爆破，飞机从骑车人身边擦过，冲出跑道30多米才停住。事后检查，这次故障是左发动机加力燃油导管断裂引起，飞机后部在空中已严重烧伤，如果处置不当，必然导致严重后果。王昂艺高人胆大，化险为夷，为保护国家财产和群众生命安全，为新型歼击机早日定型做出了贡献，再次荣立三等

1985年7月中旬,王昂(右)与歼8首飞员鹿鸣东在首飞前交谈

功。人们称赞说,王昂不仅是一名科研试飞的尖兵,也是一面安全红旗。

王昂能够驾驶我国现有各种高速歼击机长期安全试飞,而且成为全团试飞员中完成科研试飞项目最多、飞行时间最长的一个,是同他发扬勇于探索、善于钻研的精神分不开的。每当刚出厂的新飞机从外地飞来时,他总是不满足于听取一般的介绍,而要认真询问飞机的特点、试飞性能以及各种数据。每次飞行下来,不管多忙、多累,也总要坚持当天就把飞行情景、感受、试飞质量、操纵要领和试飞测试数据分析体会写在飞行日记上。

王昂有较高的业务理论水平,但他从不满足。他不仅钻研国内飞行技术资料,还自学英语、日语,加上在大学时学的俄语,能经常直接阅读《宇航周刊》、《飞行安全》等外文资料。他体会到,作为一个试飞员,知识多了,脑子就活,胆子就壮,办法就多,试飞安全才有保障,技术就可以发挥得更好。一次,王昂接受了试验国产新型航空电子设备的任务。它要求飞机在跑道上空作梅花瓣式的飞行,从不同角度通过跑道中心线进行照相,鉴定其性能是否达到预期的指标。根据计算,一次只能作五六个梅花瓣。王昂结合自己的飞行经验精确计算,勇于实践,巧妙地飞出了13个梅花瓣,从而大大减少了起降架次,为国家节约了资财。

1978年6月3日,他驾驶新型歼击机在17000米高空做加力边界试验。当左发动机加力到接近98%左右时,突然"嘣"、"嘣"的两声,双发动机同时停车。他毫不慌张,迅速把油门拉到停车位置,转向机场,并报告指挥员。当飞机下降到一定高度时,准备重新起动发动机,但是,1次、2次、3次,左、右发动机轮番起动,都没有成功。这时飞机急速下沉,王昂明白,按照出厂规定,3000米以下开车不成,只能跳伞或自降。他十分镇定,一面作进机场迫降准备,一面不放过最后的开车机会,终于第6次在2500米高度开车成功,飞机安全落地。地勤人员根据王昂提供的分析报告,找到了原因,消除了隐患,又经过严格试飞,证明这种国产新型发动机性能良好,定型投产。

1978年王昂获全国科学大会的表彰,1980年1月被中央军委授予科研试飞英雄称号,中央军委向他颁发了一级英雄奖章。1985年歼8飞机(白天型、全天候型)获国家科技进步特等奖,他是主要获奖人之一。

王昂不但试飞过大部分国产歼击机,而且驾驶过多种国外军民用飞机。诸如空中客车A321,法国的ATR42、"海豚"直升机、隼900,英国的BAe146、HAWK,德国的多尼尔228、328,加拿大的冲8,美国的"奖状"、波音757,荷兰的福克70等。在担任中国飞行试验研究院院长期间,王昂组织推行了综合试飞方法和系统工程管理方法,极大地提高了试飞效率和质量,创造了我国新机定型试飞的数项新纪录。

王昂自1985年起,历任航空工业部副部长,航空航天工业部总工程师、副部长,航空工业总公司常务副总经理,中国航空工业第一集团公司科学技术委员会主任、国家航空产品定型委员会副主任、国家一级定型委员会委员。他还曾担任歼8Ⅱ、歼7Ⅲ、歼教7、"飞豹"、空中加油工程、K8、教11、"枭龙"、歼10等十几种新型飞机研制总指挥,并在工作中充分显示了他的领导和组织才能,为航空工业特别是飞行试验事业的发展做出了杰出的贡献。他十分关心和重视我国高素质试飞队伍的建设问题,积极领导和组织从航空高等院校选拔多批毕业生,培养军用、民用飞机试飞员。

在任科技委主任期间,王昂组织行业内专家和院士研究了2020年我国军用飞机、大型运输机、航空发动机、航空材料和制造技术、航空机载设备发展思路以及航空科技发展战略等数项重大课题,并得到了上级的采纳,为航空工业的发展和关键技术的突破奠定了重要的基础。

刘积斌

刘积斌（1938.12—2010.11），山东黄县人，原航空工业部副部长、党组成员。1962年9月毕业于北京航空学院航空工艺系工业企业管理与组织专业，被分配到国营松陵机械厂（沈阳飞机制造厂）工作，历任计划员、副科长、科长。1982年8月任沈阳飞机制造公司副总经理，1984年后任航空工业部副总工程师和副部长、党组成员。1988年5月调任国家国有资产管理局局长，1988年6月任财政部副部长、党组成员、党组副书记，1998年3月任国防科工委主任、党组书记。2003年3月任全国人大常委、财政经济委员会副主任委员、预算工作委员会主任。刘积斌1995年12月—1997年7月任香港特别行政区筹委会委员，并作为中国政府代表团成员参加了香港回归政权交接仪式。刘积斌是党的十四大、十五大、十六大代表。在党的十四大、十五大上当选为中央纪委委员。2010年11月因病在北京逝世。

刘积斌青年时代学习刻苦，认真踏实，成绩优秀。1957年8月以优异的成绩考入北京航空学院航空工艺系，1962年9月以优异成绩毕业，分配到国营松陵机械厂工作。他注重实际，对工作高度负责，能将学习的理论知识运用到实际工作中，很快就能独当一面，受到周围的干部群众高度赞扬。在担任生产调度科科长期间，经常加班加点，深入一线与技术人员、工人共同研究问题，圆满高效地完成了某新型飞机的试制、组织试飞、设计定型等各项工作。

在"文化大革命"冲击工厂生产秩序时，刘积斌坚持自己的信念不动摇，将自己所学的知识运用到实际工作中，勤勤恳恳地埋头工作。即使在造反派多次封堵工厂大门的情况下，他千方百计进入工厂，坚持到生产现场跟产，组织协调生产，最大限度地挽救生产，避免给国家造成经济损失。他作风扎实，组织协调能力强。为保证军机生产进度，特别是在歼8飞机研制过程中，他主动深入生产现场，经常与技术人员和工人吃住在一起，共同研究生产上存在的困难和问题，积极寻找解决的方法和措施。在主管军机生产计划和调度期间，他仿照跟产队的模式，从有关车间抽调技术过硬的技术人员和工人组成现场服务队，按照设计单位的要求，及时更改工艺和调整生产计划，有力地促进了歼8飞机研制进度。特别是歼8全天候飞机在试验中烧毁后，为抢回研制进度，他按照公司的要求，积极组织车间生产大干，参与生产车间生产计划制定和协调，深入生产现场排查生产难题，并做好记录。每天回来后进行汇总总结，找出有针对性的解决措施和方法，并落实到生产关键环节。经过他及时沟通和协调，促进了歼8全天候飞机生产进度。1981年10月7日，歼8全天候飞机再次成功地飞上蓝天。

1982年8月，他走上了沈阳飞机制造公司副总经理岗位，主管军民品生产和机动、能源、技安环保、外贸等业务。他既重视统筹安排，又注意重点突破，有力地保障了歼8型、歼8Ⅱ型飞机的生产和试制工作。这时的他更加严格要求自己，经常早来晚走，将满腔热情倾注在工作上。凡是生产繁忙的现场，都会出现他的身影。歼8Ⅱ型全天候飞机是国家重点型号，航空工业部于1982年11月27日发出《确保完成歼8-Ⅱ型飞机研制任务的通知》，要求1984年7月1日首飞上天，1985年底设计定型。为此，刘积斌在研制中身先士卒，坚决贯彻科研试制包干的办法，认真总结过去试制新机的经验教训，参与制定切实可行的试制总方案。按照部零级网络图和公司一、二、三级网络图，首次采用"成套计划件"下达新机研制任务，应用先进的系统工程管理方法，积极有效地协调各项工作，精心组织飞机生产。1984年1月31日，歼8Ⅱ型飞机01架开始总装，3月31日实现报捷。6月12日上午，经过日夜奋战的歼8Ⅱ型飞机成功实现首飞，比航空工业部计划提前110天，成为沈阳飞机制造公司新机研制史上质量最好、周期最短的一次，创造了一个新奇迹。该型飞机于1991年荣获部科技进步一等奖。

2001年3月,曹刚川、刘积斌(左二)出席"863计划"十五周年成就展开幕式

刘积斌刚担任公司副总经理时,公司军品任务急剧下滑,为扭转困难局面,他组织广大职工广开门路,找米下锅,大力发展自揽民品生产,同时确定了高级旅游车、洗衣机、吉普车车身为公司的支柱民品。一是抓好洗衣机生产。上任后,为扩大洗衣机产量,他积极组织相关部门改建洗衣机内桶生产线,调整飞机总装、试飞的部分生产面积,组建了两条装配线,实现当年洗衣机产量5万多台,并形成了松陵牌系列产品。1983年,在全国新产品展览会上被评为"优秀新产品"。至1983年末,共组织生产各型洗衣机近13万台。二是做好高级旅游车国产化件生产。他多方协调,积极运作,经过反复论证调研,在国内开辟了一些大件的生产点,并于1983年采用日本"三大件"(发动机、空调设备、底盘)及大部分国产件装配出1辆旅游车,开始高级旅游车逐步向国产化过渡。三是倡议加强支柱民品生产线的组建和改造。经过挖潜,共挤出面积2万多米^2,配置设备300余台,投入固定资产300万元。初步建立洗衣机、吉普车车身生产线及高级旅游车和民品机械加工车间等专业固定的生产线,使支柱民品具有了相当规模的独立生产能力。四是建立民品开发研制基地。组建民品开发科、民品设计科、民品技术科等专业机构,并在开发民品中运用市场预测、技术经济论证等科学方法,有力促进了公司民品的开发工作。1982年,公司支柱民品销售额比1981年增长4倍。五是抓好自揽民品生产。1983年,公司自揽民品产值实现1469万元,比

1982年增长11.1%；公司民品产值达3305万元，比1982年增长43.3%，超过前两年19%的平均增长速度；实现利润940万元（包括技术服务），比1982年增长32.2%。

至1983年末，他主抓生产的乒乓球发射机等2项产品荣获部和省"优质产品"称号；洗衣机、手动密集架等6项产品荣获国家"飞龙"奖；自行车不等壁管冷挤压机荣获省科技成果二等奖。

1985年1月—1988年6月，刘积斌先后担任航空工业部副总工程师、副部长、党组成员，分管生产、民品和物资供销工作。他连续三年主持航空工业部计划协调会，面向行业安排部署年度军、民品生产计划，明确发展方向；积极协调航空工业与其他军工行业以及国务院各部委的关系，争取各方面的支持与帮助；组织相关单位加大对民品开发、立项、改造、生产、销售等重大问题的决策研究，使民品市场连续几年有了较大发展，使部分企业逐步走上了军民结合快速发展的道路，从而保证了航空工业的平稳发展。

1988年6月—1998年3月，刘积斌先后担任财政部副部长、党组成员、党组副书记，分管预算、文教、卫生、行政、外事、国债和机关党建等方面工作。他认真学习财政理论，虚心请教，注意在实践中学习提高，很快适应了工作转变。工作期间，他认真贯彻执行中央关于财政工作的有关决定，坚持原则，严格按预算办事，想方设法为国家增收节支。在大是大非面前，他立场坚定、旗帜鲜明，1989年春夏之交发生的政治风波中，在思想和行动上与党中央保持一致。他工作勤奋刻苦，注重调查研究。1991年在办理公安部门反映经费问题的工作中，为了解实际情况，他深入到偏僻的农村乡镇派出所，同基层干警一同吃住，掌握了第一手资料，受到公安部门高度赞扬。

1998年3月，刘积斌担任国防科学技术工业委员会党组书记、主任。面对国防科技工业管理体制的重大调整和改革，他坚决贯彻党中央关于国防科技工业的一系列指示精神，紧紧把握大局，带领全行业干部职工，积极探索社会主义市场经济条件下国防科技工业改革和发展的新路子，做了大量富有成效、开拓性的工作。按照国务院机构改革方案，带领领导班子，高效地完成了新国防科工委的组建工作并迅速正常运转。在国务院领导下，他反复研究，精心组织实施，圆满完成了十大军工集团公司的组建工作；面对国防科技工业行业分散、头绪纷杂、困难很多、任务繁重的局面，他正确分析形势，准确抓住重点，明确提出了打好"高新技术武器装备研制生产"和"国防科技工业调整改革脱困"两大攻坚战，并上下动员，组织实施，赢得了全系统的广泛响应，有力地促进了各项工作的全面开展。在组织制定国防科技工业"十五"发展规划中，认真贯彻落实党中央关于建立"寓军于民"的国防科技工业新体制以及竞争机制、评价机制、监督机制和激励机制等"四个机制"的精神，得到了中央领导的充分肯定。在他的带领下，国防科技工业战线取得了重大成就，军工全行业总体上实现了扭亏脱困，军工经济稳步增长，高新技术武器装备研制生产取得重大突破，自主创新能力和可持续发展能力得到显著提高，重点型号研制取得重大进展，新型战略导弹、"神舟一号"载人航天试验飞船、"风云一号"、"资源一号"等民用卫星发射圆满成功，国庆50周年阅兵装备研制和技术保障任务出色完成，极大地振奋了民族精神，向党和人民交上了一份出色答卷。

2003年3月—2008年3月，刘积斌担任第十届全国人大常委、财政经济委员会副主任委员、预算工作委员会主任。他紧紧围绕党和国家工作大局，认真履行法律赋予的职责，自觉坚持党的领导，严格依法办事，在加强与政府部门的协调、增强工作的监督实效、提高预算审查监督工作水平、推进财政预算与税收法制建设等方面，做了大量卓有成效的工作。他注重调查研究，身体力行，深入基层，深入群众，总结经验，为推动我国公共财政的建立与完善，深化财税体制改革，改进和加强人大预算审查监督做出了重要贡献。

刘积斌还先后担任过国家科教领导小组成员、筹建国家行政学院领导小组成员、国务院退伍军人和军队离退休干部安置领导小组成员、全国爱国卫生运动委员会委员、中央社会治安综合治理委员会委员，全国拥军优属拥政爱民工作领导小组成员、全国企业管理干部培训工作领导小组成员、中央保健委员会委员，国务院知识产权领导小组成员、中央密码工作领导小组成员等领导职务。对兼任的工作，他同样尽心尽力，尽职尽责。

刘积斌1995年12月—1997年7月任香港特别行政区筹委会委员，并作为中国政府代表团成员参加了香港回归政权交接仪式。2010年11月因病在北京逝世。

朱立民

朱立民（1928.2—2004.4），黑龙江双城人，中共中央纪律检查委员会驻原航空航天工业部纪检组组长。1947年6月在哈尔滨参加革命，1948年6月加入中国共产党，同年被评为一等先进工作者、特等模范团员。在哈尔滨汽车厂任大修部主任、厂党总支书记、纪委书记。1952年在哈尔滨航空发动机厂任干部科长。1954年11月调任第二机械工业部航空工业局人事处科长、副处长、处长。以后历任第三机械工业部干部部处长、副部长，干部局局长。1982年后任航空工业部纪检组长和中央纪委派驻航空工业部纪检组组长等职，1988年担任航空航天工业部政治工作指导委员会常务副主任，1993年当选第八届全国政协委员。1999年离休。2004年4月因病逝世。

朱立民在中国驻美国大使馆前

朱立民于1952年调入哈尔滨航空发动机厂工作,曾任工厂干部科科长和工厂纪委副书记等职。1954年调入航空工业局工作后,先后任工业局干部处领导干部科科长、人事处副处长。1955年航空工业开始进入一个重要发展时期,朱立民的主要任务是为企业调配领导干部。先后为新建的西安飞机厂、成都飞机制造厂等28个大中型工厂,陆续从地方地师级、军队地师级领导干部中调配200余名干部,大大加强了航空工业各企事业单位领导干部队伍的建设,为航空工业的全面发展打下了坚实的基础。

朱立民后任三机部干部部干部处处长、干部部副部长、干部局局长等职。1964年,航空工业三线建设开始,上级决定在贵州、汉中等地建设航空工业基地。朱立民随部领导一起到现场,选厂布点,调配企业领导干部。在各方面通力合作下,建成了几十个企业。他负责分别从沈阳飞机制造厂、沈阳航空发动机厂等单位组织成套调配干部,为三线航空企业建设的完成发挥了重要作用。

"文化大革命"中,朱立民受到冲击,1969年4月下放劳动。1971年10月恢复工作。继续从事航空工业企事业单位的领导干部调配工作。1973年,朱立民任三机部干部部部负责人。粉碎"四人帮"后,部机关进行揭、批、查运动,根据党组的指示,朱立民参与了对机关工作的人员进行调整的工作。1978年经过全面整顿,任命了一批司局领导,同年又调整任命了处一级干部。在此期间,他还参与了平反冤、假、错案工作,基本上完成了部机关的组织整顿工作。

航空工业企业通过清查和整顿,解决了部分企业的领导班子问题,但仍有一些单位不能正常工作。朱立民陪同主管副部长赴现场，解决严重影响省、市安定团结的大型企业等单位最突出的"老大难"问题，全行业的厂所、院校新提拔领导干部121名，调整调动249名，为企事业单位的正常运转提供了组织保证。

1981年，朱立民开始执行中央关于实行党委集体领导，职工民主管理，厂长行政指挥制度，并陆续试行生产经营和行政指挥工作的厂长负责制。在初步调整各级领导班子基础上，结合改革和企业的全面整顿，对部属企业的领导班子又开始做调整，贯彻落实革命化、年轻化、知识化、专业化的方针。

1982年中央纪委任命朱立民为航空工业部纪检组副组长，以后又任命为中央纪委驻航空航天工业部纪检组组长。他遵照中央的部署，为端正党风，严肃党纪，集中力量开展了打击严重经济犯罪活动的斗争。他先后组织查处了14起大案。他努力抓廉政建设，广泛开展党内教育、提高党员素质等工作，取得了显著成效。

朱立民同志长期从事组织干部工作，他努力学习，认真贯彻执行党的路线、方针、政策，公正廉明、任人唯贤，严格按照"四化"标准提拔使用干部，为航空工业干部队伍及领导班子建设倾注了毕生心血，做出了重要贡献。

朱立民在主持纪检工作中，狠抓企事业单位纪检监察机构的自身建设。他三次主持召开会议，呼吁充实纪检监察人员，加强自身建设，加强对纪检干部、党员中层干部的教育，引起各级领导的重视。他广泛开展党内教育，注重提高党员特别是领导干部的思想素质和政治素质。他多次组织查处大案要案，为端正党风、严肃党纪做出了显著的贡献。

朱立民曾当选为全国新民主主义青年团第一次代表大会代表，哈尔滨市第一届人民代表大会代表。1988年担任航空航天工业部政治工作指导委员会常务副主任。1993年3月当选为第八届全国政协委员会委员。2004年4月因病逝世。

郭允中

郭允中（1929.6— ），辽宁阜新人。1947年参加革命，1949年加入中国共产党。在辽西省北阜义县县大队、县武装部和县政府任干事，后南下到江西省宜黄县任县政府秘书、区长和县委宣传部副部长。1952年转入国防工业，在洪都机械厂任计划科副科长。1954年赴苏联学习，1956年回国后被分配到宝鸡航空仪表厂，历任副总工程师、总工程师、厂长。1974年调任陕西省国防工办副主任，1977年任陕西省革委会副主任兼国防工办主任，1979年调任第八机械工业部副部长、党组成员，1981年任航天工业部副部长、党组成员，1982年任航空工业部办公厅主任、党组成员，1983年任中国民航局党委书记，1987年任国家空中交通管制局局长、党组书记，1991年任中共中央党校校委委员、机关党委书记。郭允中是中国共产党第十三大、第十四大代表。1999年离休。

1954年郭允中赴苏学习回国后，在宝鸡航空仪表厂工作了18年。在此期间，郭允中先后任副总工程师、代总工程师、总工程师和厂长等职，从该厂第一个产品的试制成功到80多个产品的批量生产，他都全过程地参加了生产组织和技术、领导工作。

1959年，他组织领导试制出我国第一枚地地导弹自动驾驶仪，并试射成功。1960年，苏联撤走专家，我国处于经济困难时期，他带领全厂职工，仅用14个月就试制成功了我国第一套LTC-2（ГИК-1）陀螺磁罗盘，受到了航空工业局和空军的嘉奖。他还亲自组织测绘国外飞机残骸、样机进行仿制，成功地生产出了TH-5、TH-5A、LT-3型液浮陀螺、加速度计等产品。1965年，他主持组建的厂设计研究所，对部分仿苏产品和美机仪表残骸进行了设计参数反推算，又研制出了B213-2、HZX-1/2型地平转弯指示器等组合仪表，使企业完成了由仿制到自行设计制造产品的过渡。在老产品改进改型中，他提出并研制成功了两个新的"一代三"产品。一是用新研制的基础罗盘和地平仪代替ДГМК-3、ГИК-1、B213-2等三套罗盘（简称"一代三"）；二是用HZX-1/2航向姿态系统代替全姿态主控系统、HX-3和小航向表（简称新品"一代三"），简化了产品品种，提高了产品配套性能。

作为总工程师的郭允中十分重视工厂的质量工作和技术队伍的建设，着力提高全厂职工的技术水平和质量第一的意识。1961年工厂为了建立一支又红又专的技术队伍，8月郭允中专门做了一次《关于红专问题》的报告，报告中传达了党和政府关于知识分子政策和技术政策，使广大技术人员明确了自己的发展方向，激发了他们的工作积极性。1964年2月，工厂召开第二次技术工作会议，郭允中在会上做了《工厂三年来技术工作总结和今明两年技术工作任务》的报告，要求全厂职工继续贯彻"质量第一"和"在确保产品质量的基础上求数量"的方针，切实巩固优质过关的成果，逐步实现"一次提交、一次合格、一次定检、一次成功"的质量要求；会议号召全厂科技人员狠抓工艺技术，彻底吃透现有产品的生产技术，逐步实现老产品新技术，为自行设计开辟道路。以这次会议为契机，工厂各方面工作走上了健康发展的轨道。1965—1966年，工厂开展了技术革命和技术革新活动，成立了专业队、突击队和游击队，根据这三个队不同的工作重点，密切配合开展科技攻关活动。在"双学"活动中，郭允中还十分重视科技人员、工人和领导干部三结合，注意发挥个人和集体的作用。1970年郭允中刚"解放"，又在厂里针对生产薄弱环节的技术革新活动，不断实行新的工艺项目，扩大自制设备和改造设备的项目和数量，提高了综合生产能力。

郭允中视产品质量为生命、年复一年地常抓不懈。1960—1966年，为消除"大跃进"中粗制滥造的影响，他认真制定出切实可行的整顿产品质量计划，先是开展"无故障交付运动"，大搞产品质量过"七关"；后又搞产品"优质过关"，通过贯彻"两大步骤、三个阶段、二十步程序"的具体计划，使计划过关的14个产品进入了稳定批

郭允中生活照

量生产状态。1964年,他又组织开展了质量整顿活动,使广大群众树立了高度的质量意识和主人翁责任感,创造出了保证产品质量的"理想值"、"绝招"、"拿手戏",涌现出了一大批保证产品质量的先进人物。

"文化大革命"期间,郭允中虽然遭到了严重迫害,但当他恢复工作以后仍同"文化大革命"前一样,夜以继日地工作。他从抓产品质量入手,全面、系统地整顿和恢复全厂的生产秩序。1972年,作为工厂革委会副主任、党委副书记的郭允中为贯彻周恩来总理关于质量工作的指示和国务院、中央军委有关文件精神,改变军工产品质量不好、配套不全、零备件不足的"三不"局面,亲自组织指挥,开展了"整顿产品质量、加强企业管理"的群众运动;狠抓"三修订、四清查、五整顿"等12项基础工作,经过近一年的紧张工作,扭转了"三不"局面,加强了企业管理,工厂各项经济技术指标均达到了历史最好水平。在这段时间,工厂在改章建制方面也做了大量的工作:认真修订了技术、设计、工艺、新品研制、试生产、质量检验等15个方面的技术管理制度，使得"文化大革命"中遭到破坏的那些合理的规章制度基本上得到恢复，各项工作有章可循。同时又狠抓了各项基础工作，如技术资料的清查更改、工装清查核实、材料外购件清查、工时定额修订等。这些工作成绩得到了三机部领导的重视和肯定。1971—1973年，三机部连续3年在工厂召开现场经验交流会。

　　郭允中还十分重视工厂的发展规划，他参与了1957—1959年、1960—1966年、1972—1975年的三次较大的规划工作。特别是"文化大革命"中开展的规划工作，不仅需要细致的技术水平，更需要大胆的气魄。针对工厂工艺上的薄弱环节，工厂1970年制定了《一九七二年至一九七三年技术改造规划》，把技术改造列入党委议事日程。工厂各单位以职工人数10%的比例抽调人员组成革新组，配备专职技术员，全厂形成了一支600余人的技术改造队伍，技术革新、技术改造成了全厂职工的事情。1973年郭允中亲自抓技术革新、技术改造工作，加强和组建了工厂设计所、工艺所两个基地。在随后的两年里，组织全厂实现技术革新300多项，其中重大项目139项，自制各种大型仪器设备120多台，建成了液压自动车床、四轴、双轴组合镗床、纵切自动机、研磨抛光机、模具线切割机、紧固件加工等新的生产线。自行研制生产出LTC-3基础罗盘，HZX-1/2航向姿态系统等产品，企业科研生产能力大大增强，年年提前完成国家计划，为航空工业做出了新贡献。

林宗棠

　　林宗棠（1926.10— ），福建闽侯人。原航空航天工业部党组书记、部长。1948年参加革命，1949年7月清华大学毕业，同年加入中国共产党。研究员级高级工程师，清华大学、北京钢铁学院、哈尔滨工业大学兼职教授。1949年8月，林宗棠大学毕业就主动报名奔赴东北这个新中国工业摇篮振兴建设，历任东北人民政府工业部计划处技术员、科长、代室主任，后又破格提拔为沈阳第一机床厂第一副厂长。1952年调入国家计委任副处长。他积极参与了第一个五年计划技术项目的调查、决策、制定和实施。1958年后历任万吨水压机副总设计师、制造安装大队队长、上海重型机器厂总工程师、上海重型模锻厂总工程师、上海市经委技术处处长等职。1963年担任特大型不锈钢板冷轧机组总设计师，1978年任国家计委高能物理实验中心工程总工程师、北京正负电子对撞机工程领导小组成员。1978—1988年任国家科委副局长，国家机械委科技局副局长，国家经委副主任、党组成员。1988年3月任航空航天工业部党组书记、部长，1993年3月任全国人大常委环保委副主任，1998年10月任中国工业经济联合会会长。1999年6月离休。

1949年8月，刚跨出大学之门，林宗棠踌躇满志，奔赴东北这个新中国工业摇篮振兴建设。在东北工业部门和企业工作期间，他深入工厂和工人相结合，拜他们为师，在工业部革命前辈们的率领下，积极开展技术革新，改进生产工艺操作，开展创造生产新纪录活动；倡导和推广高速切削法；实行生产科学均衡管理，掀起了轰轰烈烈的提效增产热潮，生产效率成倍增长，并很快带动了全国。他积极倡议并得到工业部领导大力支持，依靠整合东北机器制造的技术力量，自行研制当时急需的大型机械装备，取得一个又一个成功，这种做法被作为成功的经验推广。在此期间，他还作为我国赴苏联经贸、技术合作谈判代表团一员，为141个技术合作项目的谈判、决策做出了积极的贡献。由于突出的贡献，他先后被授予沈阳市、东北局优秀共产党员、劳动模范、模范厂长、青年积极分子等称号。

1958年，第二个五年计划正在如火如荼地进行，大型的、特大型的机床设备显现奇缺。为此，毛泽东主席在党的八大二次会议上，亲自批示同意时任煤炭工业部副部长沈鸿同志关于自行建造12000吨水压机的建议。林宗棠被特别点名担任12000吨水压机副总设计师、制造安装大队长。同时被调赴上海，先后任上海重型机器厂总设计师、上海重型模锻厂总工程师、上海市经委技术处处长。万吨级自由锻水压机是世界上最高一级的自由锻造设备，它是独立自主发展高、大、特大型机器装备的关键设备，世界上能制造该装备的国家也不过4～5家。它的显著特点是重、大而精密，不容一丝一毫的差错。制造这种机器，必须具备特重型的加工设备、有丰富经验的专家和制造经历的队伍。显然，这些条件当时一条都不具备。林宗棠带领一批刚毕业不久的大学生，破除迷信、解放思想，以饱满的政治热情和首创精神，用《实践论》、《矛盾论》做武器，生根于实践，拜工人为师。具体主持调研、设计、制造、安装全过程，创造了一个又一个难以想象的"以小拼大"、"蚂蚁啃骨头"的土办法，攻克了一个又一个难以想象的难关，最终用4年时间，一次试车成功，达到国际水平，填补了国家空白，在国民经济建设和工业化进程中发挥了重要作用，获得国家级科技进步奖，成为那个年代震动和鼓舞全国的一件大事。

林宗棠作为出色的总设计师和实践者，为满足国民经济建设和科技工业现代化的急需，先后成功主持设计制造了一系列在国际上都可以叫得响的重、大、精尖设备。紧接12000吨水压机后，1963年，他被任命担任我国九大设备之一的2300特大型不锈钢板冷轧机组总设计师。这一成套机组，冷轧出钢板面犹如明镜，其复杂程度、精度要求和技术难度，都远超于12000吨水压机。终于，世界上第一次采用整体锻焊结构制成特重轧机机架及全套机组制造成功，达到国际水平；1965年林宗棠发起并主持设计、制造成功世界最大的200～300吨电渣重熔炉，熔铸生产包括30万千瓦核电站汽轮发电机转子在内的钢锭等，质量达到国际先进水平，是当时的世界冠军。他也因此被聘为第九届国际真空冶金会议首席顾问，在美国召开的国际大会上宣读《中国200～300吨电渣炉》论文，荣获个人荣誉奖；1977年担任5万吨模锻水压机总设计师和6万吨预应力模锻水压机科研负责人，首次提出并采用6万吨水压机采用预应力混凝土方案，成功地解决了超重、超大件毛坯制造、机械加工和运输等难题，撰写体现研究成果的《重型预应力混凝土水压机研究》一书，"世界应力之父"美国林同贤教授称赞说"绝对经济，绝对安全"。

1978年，为了研制高能物理前沿科学研究装备——正负电子对撞机工程的需要，中央由邓小平同志亲自挂帅，林宗棠被点将从上海调到北京，任国家科委高能物理实验中心工程指挥总工程师、北京正负电子对撞机工程领导小组成员，负责主持正负电子对撞机工程全套设备的研制。在世界著名的物理学家李政道博士的理论指导下，迎接挑战，勇敢开拓，把拼搏精神用在智慧创新上、用在确保质量上，攻克了一般情况下很难突破的八大难关，最终对撞机首次联调试验一次对撞成功，运转完全符合设计要求，达到国际水平，获国家重大技术装备特别嘉奖。李政道博士说，该对撞机的建造成功，填补了世界这个能级对撞机的空白，其建造的速度和水平在世界上也是一流的。正是在这台对撞机对撞成功之时，小平同志做了《我们要在高科技领域占有一席之地》的著名讲话。

1978—1988年，林宗棠先后任国家科委副局长，国家机械委科技局副局长，国家经委副主任、党组成员。这个时期，他的工作重心已逐步转到科技、工业现代化的全局性方向上来。1983年、1984年，他审时度势，先后向党中央、国务院提出实施加快发展重大技术装备战略、加大机电产品出口战略的两大战略建议，得到了重视和采纳，并被指令分别担任国务院重大技术装备领导小组副组长兼办公室主任和国务院机电产品出口领导小组副组长兼办公室主任。他主持组织规划和实施了国家12项重大技术装备的研制工作，经过努力，全部完成，加快了重大技术装备国产化进程，包括后来建成的长江三峡工程重大装备国产化率达2/3。他采取一手抓政策，一手抓重点措施，建设机电产品出口生产基地，狠抓适销对路的产品开发。提出播种、移植和嫁接三种技术改造方式，组织了几批几百项重点技改项目的攻关，推动机电产业发展上一个新台阶，成为我国装备国民经济和出口创汇最重要的制造支柱产业，机电产品出口创汇从当年的15亿美元上升到2010年的9400亿美元。

1988年3月，林宗棠被任命为航空航天工业部部长、党组书记。航空航天科技工业是关系国家安全和高科技发展最重要的战略部门，上任之初，林宗棠深感责任的重大，深怕在自己的手中，造成航空航天发展势头滑坡而成为历史罪人。就是凭着忠诚和自信，毅然上任。他紧紧依靠中央的坚强领导，紧紧依靠航空、航天的领导班子、专家和职工队伍。首先研究确定并执行"航空航天为本，军民结合，军品第一，民品

林宗棠（右）陪同军方领导视察工作

为主，走向世界"指导方针；"军转民，内转外"两个战略转变；"自力更生为主、积极引进技术"工作方法；"质量第一"方针和"两个文明建设一起抓"的原则以及"解放思想，深化改革，扩大开放，加速发展"的新思路，保证了航空航天工业的科学发展方向。

他根据航空、航天三四十年来各自形成系统的实际，采纳、集中正确意见，充分照顾两大系统的不同特点，在加强综合集中统筹、发挥联合优势的同时，强化两大业务系统运行，大力抓机关职能转变，简政放权，理顺关系，改进工作方法和作风。报经中央批准，积极、稳妥、合理、正确地完成新部的改革、组建，确立了新的体制，为推动科研、生产更好发展提供了组织保证。

为了确定航空、航天发展的战略目标，早在建部之初的1988年8月，林宗棠部长就召集有各专家集思广益的专家研究会、部长办公会，研究拟定《航空航天工业发展向中央汇报提纲》，对两个系统战略发展的重大问题提出了明确的建议。1991年，又适时地研究分析了海湾战争的启示和对策，向中央提出建立天、空、地、海一体化，航空、航天、电子技术结合，攻防结合，积极防御的防御体系的建议，并得到了中央批准，从而研究制定了航空、航天长远目标的十年规划和近期发展的"八五"计划。

十年规划确定重点型号研制任务是：航空武器装备以歼击机为重点，相应发展其他机种。歼击机发展坚持远、中、近期和高、中、低档相结合。自行研制空中加油工程，倍增歼击机航程。与国外合作研制干线飞机。改进和发展新型支线客机和通用飞机、农用飞机。尽快把自主研制的新型航空发动机、航空电子搞上去；航天武器装备重中之重是机动式固体远程战略导弹，急中之急是机动式固体中程战略导弹，尽快完成能覆盖全球的洲际战略导弹研制。相应发展空防、海防导弹，巡航导弹。立即上马大推力运载火箭的研制。大力发展新型通信、气象、资源、侦察等应用卫星和卫星应用系统。载人航天计划立项，力争20世纪末前后实现载人飞船上天。

"八五"的主要任务是"三突破一提高"，即"保持航空、航天高技术发展势头，并有新的突破；继续大力推进军转民的战略转变，并有新的突破；努力加快内转外的战略转变，并有新的突破；在确保质量的前提下，经济效益进一步提高"。主要奋斗目标是："军用飞机要跨上新的台阶，民用飞机要有重大突破，战略战术导弹要研制新一代，卫星与运载火箭要提高到新水平。"跨上航空、航天产品技术新台阶，非航空、航天产品上规模新台阶，外贸出口上创汇新台阶，全行业上效益新台阶。

五年中，保持了航空、航天好的发展势头，开创了发展的新局面。基本上抓住了战略发展机遇期。航空、航天武器型号和民用航空、航天产品研制有新突破，实现了"十四星高照，十八机上天"，创我国航空、航天史上新纪录。自行研制空中加油机成功，使现有歼击机航程增至我国领土最南端的南沙群岛。特别是新型歼击机立项研制并取得重大进展，自行研制中等推力的涡扇发动机、下视能力达到100千米的雷达取得重要进展，对航空未来新发展奠定了重要基础。巡航导弹立项研制并取得重大进展，载人宇宙飞船完成论证、立项，"东方红"三号大容量通信卫星立项研制成功，"亚星"发射成功标志着我国卫星发射进入国际市场。特别是18个月完成了"长二捆"大推力运载火箭研制任务，成功地发射了两颗澳大利亚大容量的通信卫星，使我国火箭低轨道运载能力达到世界先进水平，被国外同行称为奇迹。两个系统民品发展平均每年递增30%，且75%能力转为民品，建成支柱民品生产线200多条，形成年产超百亿元的能力。开创了军品出口、卫星对外发射、航空零部件转包生产、国际合作研制的新路子。机电产品出口每年净增1亿美元。

1993年3月，林宗棠任第八届人大常委、环保委副主任。他走遍了全国主要的环境和资源的污染源，提出了经济发展和环境资源保护两同步的原则和把环保投入力度至少占GDP3%的指标，被全国和许多省、市、区重视和采纳。主编《中国环境》、《中国资源》两本书，自制《环保、资源》宣传、教育幻灯片在全国放映100多场，取得了很好效果。

1998年10月，林宗棠任中国工业经济联合会会长。他根据政企分开，政府放权和政府、行业和企业三个层次管理的理念，积极培育和发展具有中国特色的行业协会，充分发挥其"服务企业、服务行业、服务政府"的职能作用，围绕实现工业化、工业现代化的中心任务，开展了一系列卓有成效的工作和活动，举办了著名科学家李政道大型科学报告会，多次举办"世界行业峰会"，积极推动世界行业合作与交流，深受企业、行业和政府的欢迎。特别是他被推任中国名牌战略推进委员会主任，积极响应党中央"立民族志气，创世界名牌"的号召，大力实施"科技创新，名牌培育"推进战略，成效显著，"思维创新、机制创新、科技创新、产品创新"，争创"中国名牌"、"中国世界名牌"理念深入人心，涌现出一大批过得硬、声誉好的名牌产品和名牌企业，为增进"中国制造"品牌的世界声誉做出了积极的贡献。

林宗棠经受过"文化大革命"的冲击和迫害，经受过两次党内无端的诬告，但他始终相信党、相信群众，泰然处之，光明磊落，胸怀坦荡。

1995年8月8日，林宗棠著文《敢不敢拿世界冠军》。书中说，一定要敢拿世界冠军，也一定有智慧、有能力拿世界冠军。他还说："困难是检验人的智慧和创造力的试金石。"相信人的智慧和创造力，以《实践论》、《矛盾论》做武器，分析矛盾、抓住主要矛盾，集中力量，各个击破，夺取全胜。这是他一生的座右铭，也是他生平奋斗轨迹的真实写照。

王景茂

王景茂（1940.4— ），山东掖县人，原航空工业部党组成员、人事劳资司司长。1960—1965年在北京航空学院学习，1962年加入中国共产党。1966—1975年在北京航空学院当教师、干部。1975年3月调第三机械工业部工作，先后任教育局负责人和院校综合处处长；1983年8月调南昌航空工业学院任党委书记；1985年11月—1988年3月任航空工业部党组成员、直属机关党委书记。1988年8月—1990年3月任航空航天工业部党组成员、人事劳资司司长。1990年4月调任中共中央直属机关工作委员会副书记，1991年1月兼任中共中央直属机关纪律检查工作委员会书记。王景茂是党的十四大、十五大代表。2001—2008年任全国政协委员。

王景茂1965年从北京航空学院毕业后留校，在飞机高空设备及防护救生设备专业任教，还曾在院政工组组织人事组作干部工作。1975年3月，调第三机械工业部教育局工作，先后任局负责人、院校综合处处长。在教育局工作的8年多时间里，王景茂主要参与了在职职工教育、部属重点大学专业设置的调研和调整，把部属中专沈阳航校、南昌航校、郑州航校改办为一般大学，拟订部属大学、中专1978—1985年发展规划，拟订并落实部属大学、中专的计划任务书和年度基本建设计划等项工作。

1983年8月，王景茂到南昌航空工业学院挂职锻炼，任党委书记。在两年多的时间里，和其他院领导一起特别关注影响学院长远发展的两个问题：一是进一步理顺学院与校办工厂的关系；二是制定学院的发展规划。这期间，王景茂先后主持了几项工作：一是精简机构，调整干部。学院处级机构、处级干部人数有所减少，处级干部平均年龄有所下降、大专以上学历者有所上升。二是整党。根据1983年《中共中央关于整党的决定》的精神和中共江西省委的部署，学院整党工作从1984年3月开始。这次整党工作比较认真地落实了中央提出的方法步骤、方针政策和四项任务。中共江西省委整党工作领导小组认为基本上达到了中央的要求，1985年8月正式批复同意学院整党工作结束。

作为一个单位的领导者和决策者，王景茂虽然只是一位到学院挂职的党委书记，但有着长远的发展眼光。由于当时学校占地面积小，而且东南西北四个方向只有可能向北延伸，考虑到学院将来的发展，学校要少花钱、多积累资金用于将来征地。经过院领导班子讨论决定，在全体教职工中统一了思想和认识，并取得了航空工业部的大力支持，同意投资用于学院扩建。现在，南昌航空大学部分教学主楼、图书馆、新校门、环保楼、游泳池等都是建在当时买来的土地上的。

王景茂在南昌航空工业学院工作期间，经常到教研室、实验室、校办工厂、学院职能部门和学生宿舍区了解情况，还到教职工家中看望，比较广泛地联系群众。

1985年11月—1988年3月，王景茂任航空工业部直属机关党委书记、党组成员，分管干部工作和思想政治工作。在近两年半的时间里，主要精力用于抓全行业的职称改革工作。1986年初，成立航空工业部职称改革工作领导小组及其办公室，任领导小组副组长，主持日常工作。经过紧张的准备阶段之后，从当年5月份开始便有计划、有步骤、分期分批地在全行业企事业单位开展职称改革工作。职改工作大体过程是先事业、后企业。期间，在部领导的支持下，从当时的实际情况出发，首次为部分企事业单位的政工干部评定了社会科学研究系列的专业技术职务任职资格，一定程度上稳定了政工队伍。经部职改领导小组研究决定，在部机关也进行了职称改革、评定专业技术职务任职资格的工作。

由于这是"文化大革命"后规模较大的一次职称改革工作，关系到技术人员的切

王景茂工作照

身利益，关系到航空工业的发展，所以必须用心组织指导。在部党组的领导下，职改领导小组在征得中央职称改革领导小组的批准后，首先在沈阳飞机设计研究所、沈阳发动机设计研究所、北京航空工艺研究所、302医院和南京航空学院开展职改试点工作，要求试点单位做好组织准备、思想准备、制定文件和摸底工作，并根据部下达的高、中、初级专业技术职务比例限额做评聘工作。试点单位又根据各单位的实际情况，划分各类专业技术人员范围，确定各级专业技术职务岗位、制定岗位职责，并进行工资增值额测算，报部审核批准。试点工作的成功，为全行业职改工作的开展打下了良好的基础。由于部职改办公室拟订的实施细则等文件针对性、可操作性强，具体指导工作细心，注意及时和机关有关司局密切结合，各企事业单位领导也都高度重视，所以这项工作进展得比较稳妥、顺利。

1988年4月，全国人大七届一次会议决定：撤销航空工业部和航天工业部，组建航空航天工业部。航空航天工业部筹备组决定王景茂任人事小组牵头人，由此开始了紧张的组建新的部机关的人事安排工作。人事小组工作大体上是两个方面：一是根据国务院机构改革办公室关于航空航天工业部机关的"三定"方案，首先提出各司局的领导职数和班子成员人选的意见，报筹备组讨论决定；然后，根据筹备组关于各司局内设机构及其编制的意见，请各司局提出处一级的领导职数和班子成员人选，经小组审议后报筹备组讨论决定。二是对需要到所属在京单位工作的原两部机关的干部，提出安排建议或联系安排。这项工作，大家关注，政策性强，工作量大，时间紧迫，经过人事小组同志们的共同努力，在三四个月的时间里较好地完成了任务，为航空航天工业部的组建和成立打下了良好的基础。

1988年8月—1990年3月，王景茂任航空航天工业部人事劳资司司长，成立部党组后又任党组成员。除日常的干部、劳动工资工作外，有两件事情得到了妥善处理：一是在1989年春夏之交的政治风波中，根据中央的要求，王景茂结合工作实际，对同志们严格要求，坚持日常工作，维护了稳定。二是新组建的航空航天工业部，由于开始未成立党组，因此对部管干部中党群干部的任免，只能在部长办公会上讨论决定，而且发任免通知书也成了问题。针对这种情况，曾先后两次建议部里向中央写报告，要求成立航空航天工业部党组，经中央批准1989年底航空航天工业部党组成立。

1990年4月，王景茂任中直工委副书记，分管纪检办工作，并负责组建纪工委，于1991年1月兼任纪工委书记。前3年时间内，参与了中直机关党风廉政建设工作和案件查处工作，并参与了1989年春夏之交的政治风波中少数犯错误党员的组织处理工作。1993年8月，十四届中央纪委二次全会后的近4年时间内，参与贯彻落实中央关于加强党风廉政建设和开展反腐败斗争的指导思想、方针原则和三项工作，在促进领导干部廉洁自律、查办案件、纠正部门和行业不正之风、加强中直机关纪检机构和队伍建设，以及进行党内条规教育等方面做了一些工作。

1997年6月起分管工委宣传部工作。在约四年半时间内，参与中直机关邓小平理论和"三个代表"重要思想的学习，党的重要会议精神和方针政策的学习，形势、任务教育，党史学习和普法教育等任务。其间做了较多的组织、服务工作，如：提出计划安排，培训骨干，请专家、学者作辅导报告，进行经验交流，开展学习理论征文活动等；还参与思想情况、思想政治工作情况调查研究，提出加强和改进思想政治工作的意见。

中直机关精神文明建设指导委员会于1997年10月成立。王景茂参与了筹建，成立后兼任副主任、主任，一直负责日常工作。在4年多的时间里，贯彻中央有关精神，参与了推动精神文明建设工作机构、落实人员的工作；重点开展"创建文明机关、当好人民公仆"活动，通过党政加强领导，各方齐抓共管，群众积极参与，全面加强机关的思想建设、道德建设、党风廉政建设、环境秩序建设和文化建设等工作。

在工委期间，王景茂参与了一些中央的专项工作。如到部分部委、省调查党风廉政建设和反腐败斗争的情况；参与领导班子届中考察；督查贯彻落实十四届四中全会《决定》的情况；"三讲"教育的巡视及"三讲"教育"回头看"的情况；以及为党的十五大、十六大召开做干部考察工作等，为党的建设做出了努力。

朱育理

朱育理（1934.2— ），江苏如皋人，原中国航空工业总公司党组书记、总经理。1952年7月加入中国共产党。1954年结业于哈尔滨工业大学，后赴苏联莫斯科机床工具学院学习，1959年毕业后回国。参加工作后历任北京航空工艺研究所技术员、副科长、科长。1978年后，任北京航空工艺研究所研究室主任、副所长、所长。1984年任航空工业部科技局副局长、民用飞机局局长。1987年调任国家教育委员会副秘书长兼计划财务局局长、全国高校图书情报工作委员会副主任委员。1988年任国家教委秘书长、全国中学生体育协会副主席。1989年任国家教委主任助理、党组成员。1990年调任国家技术监督局局长、党组书记。1991年兼任国务院生产办公室副主任、党组成员。1992年6月起任航空航天工业部副部长、党组副书记。1993年6月—1999年2月任中国航空工业总公司总经理、党组书记。在中共第十四次全国代表大会上当选为中央纪律检查委员会委员，在中共第十五次全国代表大会上当选为中共中央委员。是第九届全国人民代表大会常务委员会委员，第十届全国人民代表大会环境与资源保护委员会副主任委员，研究员级高工。曾被授予英国克莱菲尔德大学荣誉工学博士学位、哈尔滨工业大学荣誉教授、俄罗斯莫斯科国立技术大学荣誉博士学位、俄罗斯交通科学院院士、俄罗斯质量科学院院士等称号。2010年3月退休。

朱育理1959—1964年在北京航空工艺研究所机床研究室（五室）从事机床设计工作，并任题目组副组长。此间由他们题目组设计研发的高精度四轴组合机床提供给宝成仪表厂，至今仍在使用。该项目获全国科技大会一等奖，此时他的才华与才能得到周围同事的认可和领导的赏识。

1964—1968年，朱育理同志调任北京航空工艺研究所技术科科长，从事科研技术管理工作。此间，他与同事和谐合作，按照所的工作部署要求，在当时研究所一穷二白的艰苦条件下，对科研技术工作的基本制度、工作流程、质量监控科研条件建设等工作进行了不懈的探索和研究，制定出比较符合当时实际的科研技术管理的基本制度和工作流程，为此后北京航空工艺研究所科研技术管理工作的开展奠定了较好的基础。1978—1980年任北京航空工艺研究所发动机工艺研究室（二室）主任期间，在他的主持下，按照中央拨乱反正的基本政策要求，在所党委领导下，全面恢复研究室的科研工作秩序，研究和订立研究室的工作定位、科研方向、专业设置和人才队伍建设。

"文化大革命"期间朱育理遭到不公正待遇，被戴上"现行反革命分子"的帽子，下放到北京航空工艺研究所一车间铸工组劳动改造。此间，他除了从事艰苦的劳动外，还参加技术革新，对热加工车间的设备工艺进行技术改造。

1978年9月朱育理得到平反，同年被任命为发动机工艺研究室主任。1980年7月9日朱育理同志被三机部任命担任北京航空工艺研究所副所长；1983年4月11日朱育理同志被航空工业部任命担任北京航空工艺研究所所长。

在任副所长期间，他分管全所的科研技术工作，他大力开拓科研课题的申报和立项工作，大力促进对外技术交流与合作，大力推进三支人才队伍建设，在当时都取得很好的效果。由他带队赴美国引进电解机床关键部件，使研究所大叶片电解机床的性能参数和可靠性都得到提高。经过研究所总体设计、制造，电解机床按当时经济投入只有50万元，同比节约经费50万元。此后研究所又与联邦德国MBB公司军用机分部签订合作开发CADEMAS软件系统工程。1982年1月2日，研究所被国务院批准为有权授予硕士学位的单位，从此研究所在大力推进技术人才队伍建设方面多了一个很重要的平台。

1983年北京航空工艺研究所职工人数已达1984人，军工企事业单位受到政策等各方面因素影响，每年部拨科研包干费仅300万元。在朱育理等同志努力下，经航空工业部批准研究所扩大自主权的情况下，新建2车间厂房和103厂房，使当时的科研生产条件得到扩充和改善，科研生产能力得到有效提高。

朱育理在担任副所长和所长期间，研究所按照三机部颁发的《航空工业设计所、研究所整顿五项工作验收要求》开展整顿工作：一是全面整顿和加强科研管理工作，提高经济效益，全面完成国家计划，出成果、出人才，制定了以"三论一定"为主要内容的科研课题管理规定，即科研课题立项论证，科研项目论证，科研项目可行性，可靠性论证，科研课题鉴定。为科研工作的管理制定了一整套比较完备、自成体系的制度规定。二是整顿和加强劳动纪律，严格执行奖惩制度。使科研生产秩序得以全面恢复正常。三是全面整顿财经纪律，健全财经制度。四是整顿劳动组织，开始按定员、定额组织科研生产，有计划地开展全员轮训。五是整顿和建设领导班子，加强对职工的思想政治教育。研究所也因此达到了完成科研任务好、科研生产质量好、技术经济效益好、劳动纪律好、文明生产好、政治工作好的"六好标准"。1984年航空工业部全面整顿验收组经过认真检查验收给研究所得分941.5分，占标准总分1015分的92.8%，此外，由于研究所出成果、出人才成绩显著和超额完成了培训任务，嘉奖118分，得到检查验收组的充分肯定和高度评价。

在全面拨乱反正、整顿验收工作牵引之下，北京航空工艺研究所科研技术方向和为航空工艺制造技术的研究领域、专业设置形成一整套比较完备、逐渐形成体系的大格局，其中复合材料、胶结、检测、高压电子束焊、钛合金、数控技术及柔性技术等一大批科研课题进入到快速研究的快车道，为以后航空主机厂所提供科研技术支持和专用设备打下了坚实的基础，为航空工业和国防建设做出了重要贡献。朱育理担任所长期间，在歼8飞机研制中荣立三等功。

1984年朱育理调任航空工业部科技局副局长。1985年被任命为民机局局长。在担任局长期间，朱育理按照部党组的指示，1985年11—12月，在首都机场成功组织了航空工业首次运12、运7-100和运8飞机飞行表演，中央领导李鹏、姚依林、万里、胡启立、郝建秀和一批中顾委委员观看了飞行表演。12月1日，李鹏副总理在现场召开了办公会，决定由民航订购100架运7-100飞机，这是我国航空工业有史以来第一次大型促销活动。1986年4月29日，运7飞机在安徽合肥机场投入客运首航。

朱育理于1987年2月—1992年6月先后在国家教委、国家技术监督局、国务院生产办任职，本着对工作和事业高度负责的精神，在这些领域做出了突出成绩，并积累了丰富的工作经验，深得国务院领导同志和这些单位同志的好评。在国家教委工作期间，参加起草了《中国教育发展改革纲要》，该纲要经党中央、国务院批准实施后，对中国的各级、各类教育发展和改革起到了积极的推动作用。在国务院生产办、国家质量技术监督局工作期间，按照朱镕基同志的指示，朱育理组织开展了"中国质量万里行"大型系列活动，在社会上引起强烈反响，朱镕基同志做了"质量万里行一炮打响，可喜可贺"的批示，至今为社会各界广泛认同。在此期间，还组织起草《质量法》、《质量认证条例》、《质量振兴纲要》，把ISO 9000产品质量保证系列标准由等效采用改为等同采用，加速与国际接轨，对国内开展质量管理工作起到了积极促进作用。

1992年4月朱镕基副总理找朱育理谈话，说中央已决定调朱育理到航空航天工业

朱育理（前排左二）陪同军委领导及俄罗斯专家出席苏-27飞机首飞式

部任副部长、党组副书记。同年 10 月，李鹏总理、国务委员宋健邀林宗棠、朱育理、刘纪原谈话，指出中央决定在 1993 年"两会"后，将航空航天工业部分为两个总公司，刘纪原、朱育理分别担任航天、航空总公司总经理，要求立即成立筹备组，提出方案。

1993 年全国人民代表大会通过了国务院机构改革方案，任命朱育理为中国航空工业总公司（简称中航总）总经理。经过一段时间的筹备，中航总组建方案获国务院批准，1993 年 6 月 26 日中国航空工业总公司正式挂牌成立。此时，朱育理既接到了李鹏总理的任命书，又领到了企业工商营业执照，中航总对国有资产负有保值增值的责任，可以经营资产。朱育理认为这是航空工业的集体"下海"，投入到社会主义市场经济的拼搏中去。

朱育理于 1993 年 6 月—1999 年 2 月担任中国航空工业总公司党组书记、总经理期间，提议并组织制定了一套比较完整的发展思路。确立了"科技兴业"的战略思想，"突出主体、加强两翼、发展经济、振兴航空"的指导方针和"三大（大集团、大产品、大商贸）两高（高科技、高效益）"的发展战略。组织制定了《航空工业腾飞计划》，以为期 10 年的滚动计划统领全行业航空产品、非航空产品、金融产品、三产的发展。提出《控股公司试点方案》报请国务院批准。拟以资产为纽带，对全行业的产业结构、产品结构、体制结构、资产结构、人才结构等进行改革与调整。实施了《航空凝聚力工程》，以统领全行业精神文明建设。形成了一整套符合实际、思路清晰的航空工业发展思路,通过组织实施取得了优良的工作业绩。主要表现在以下几个方面。

第一,航空产品研制生产取得重大进展。航空武器装备研制实现了更新换代。军用飞机共实现12机首飞、13机定型或技术鉴定;直升机实现3机首飞、3机定型或鉴定;新型直升机正式立项;发动机实现2机首飞、8机定型或鉴定、3机取证;机载设备完成近千项成品的研制,基本满足型号发展的需要。批生产完成了军用飞机、发动机和战术导弹的生产任务。民用飞机方面,运7、运8、农5、运12等取得很大进展。在国际合作方面,组织领导了某型飞机生产的对外谈判、签约、与美国合作生产的干线飞机项目,组织领导了AE–100支线客机的立项(由于种种原因未能付诸实施)。这些项目的引进和生产,对提高航空工业的设计、制造能力,增强部队的作战能力起到了积极的作用。作为总经理,朱育理从新型战斗机的引进谈判到担任型号行政总指挥,花费极大的精力,并在1998年底实现了首飞。现在这一新型战斗机已成为我国空军的主战飞机,增强了空军的战斗能力。

第二,民品和市场营销取得明显突破。大力推进了"军转民"的战略性结构调整,形成了以微型汽车、微型汽车发动机、摩托车、空调压缩机、纺织等一大批支柱民品产业。微型汽车年产17万辆,摩托车年产80万辆,微型汽车发动机年产突破15万台。航空外贸累计实现进出口总额85亿美元。

第三,科技、质量工作进一步加强。"八五"期间取得45项重大科研成果,标志着我们突破和掌握了第三代战斗机的主要关键技术,大部分已应用于型号研制和改进改型;"九五"预研也取得一批重要成果。提出了"重视质量、一票否决、文明生产、企业文化"等思路,在全行业树立了"质量立业"思想,100多个单位获ISO 9000质量体系认证,连续5年在国防科技工业系统处于领先水平。

第四,结构调整和体制改革不断深入。控股公司试点的主要目的是要以资产为纽带,以产品为龙头,对航空工业进行大力度的战略性结构调整,建立现代企业制度。该试点方案1998年获国务院批准,但由于航空工业的体制又面临一次新的变革的原因,而未付诸实施。在中航总设立了总会计师制度,加强了财务管理。这些思想在当时具有开创性,对后来航空企事业单位改革起到了先导和启迪作用。推动企事业单位基本完成军民分线和一分为三的结构调整,启动了以建设机载五大中心为目标的机载企业调整。推进现代企业制度试点,有24家单位完成集团公司模式和国有独资公司模式的改造。接手中航总经理一职时,我国国有企业正处于最困难的时候,朱育理按照党中央、国务院关于"减员增效、下岗分流、鼓励兼并、规范破产、实施再就业工程"的要求,组织推动了航空系统实施大力度的改革,妥善处理了困难企业,特别是三线困难企业职工安置问题,推进了工作的开展。

第五,精神文明建设取得新成果。在行业内率先组织实施了"航空凝聚力工程",

使精神文明建设系统、全面地加强，并取得显著成效。针对大多数单位班子年龄老化的问题，把选拔年轻干部放在突出的位置来抓，选拔了一大批优秀的年轻领导干部，基本实现了"五四三"梯次结构。现在仍在集团公司和厂所担任领导工作的一大批负责人，大都是中航总时期重点培养的对象。朱育理还十分重视老干部工作，召开并组织了全行业第一次老干部工作会议，提出"全心全意、设身处地、满腔热情、千方百计"的工作要求。

第六，全行业经济实力持续增强。中航总期间，航空工业在市场经济的挑战中保持了较快发展。累计实现工业总产值1549亿元，年均递增20%；工业企业实现销售收入1329亿元，平均递增17%。共实现利税60多亿元。另外成功地参与举办了1996、1998年的珠海航展，扩大了航空工业的影响。1997年，在香港回归前夕，在香港举办了中国航空工业成就展，受到香港同胞的欢迎。

朱育理在担任第九届全国人大常委和第十届人大环资委副主任期间，本着对工作认真负责的态度，参与了新法律的制定和相关法律的修改工作，提出了许多中肯意见；认真研究相关法律，开展对法律实施情况的执法检查，虚心听取群众意见；按照人大的要求，积极参加对政府工作的视察工作。与此同时，他还担任全国人大中俄议会友好小组中方主席，对促进中俄议会间的交往做出了重要贡献。在担任中国航空学会理事长期间，积极组织各种活动，活跃学术气氛，团结了一大批航空工业者和航空爱好者。

朱育理是中国延安精神研究会的常务副会长、中国中俄友好协会顾问。

王秦平

王秦平（1944.3— ），陕西大荔人，原航空工业总公司党组成员、副总经理。1963年由陕西省西安中学高中毕业，考取西北工业大学飞机系。1968年大学毕业后，被分配到西安飞机工业公司工作，当过工人、工长、公司政治部干事、西安飞机工业公司试飞站工艺室主任。1983年任西安飞机工业公司总质量师。1984—1991年任西安飞机工业公司副总经理、常务副总经理、代总经理。1991—1996年任西安飞机工业公司总经理并任中国西安飞机工业集团董事长、总裁等职，中国西安飞机工业集团是当时全国55家国家试点企业集团之一。1997年任中国航空工业总公司党组成员、副总经理，1998年任国家质量技术监督局党组副书记、副局长，2001年任国家质量监督检验检疫总局党组副书记、副局长。王秦平1993年当选为陕西省第七届政协委员，1993年享受国务院政府特殊津贴，1994年被中国航空工业总公司授予有突出贡献专家，1995年被中国航空工业总公司授予部级劳动模范，同年还被西安市政府授予西安市劳动模范。1996年被中国航空工业总公司授予航空工业劳动模范称号。2003年当选为全国政协第十届委员。

在西安飞机工业公司工作的30年中，王秦平从基层做起，先后参与和组织了轰6、运7、运7-100、运7-200A、运7-200B、运7货500、运7军用型、加油机工程、"飞豹"等10多种型号飞机的研制和生产。1992年，他在空中加油机工程研制中荣立航空航天工业部一等功；1995年，在运7-200A首飞中荣立航空工业总公司一等功；同年还在空中加油机设计定型中荣立航空工业总公司一等功；1996年，在轰6加油机研制中被授予航空工业总公司一等奖。

王秦平重视产品质量，组织企业全面推行并通过了 ISO 9000 质量体系认证和美国 FAA 的适航审查，使西飞公司的质量管理及各项基础管理工作从传统管理转轨到国际标准管理，并一直保持着国家一级企业的水平，向国内外用户交付的各种型号飞机从未因制造质量问题发生等级事故。

由于20世纪80年代的中国经济处于改革开放初期，困难很多，军机订货很少，加上90年代国际航空市场出现周期性萧条，西飞公司的主导产品生产出现了困境，经营工作遇到了很大的挑战。如何找到企业发展的动力和出路，成了王秦平最为关心的问题。在多方调研论证，统一干部、职工思想认识后，王秦平提出了西飞的经济增长方式要向集约型转变，确立了"飞机为主，多种经营，高科技，外向型"的企业发展战略，并首次提出年销售收入100亿元的目标。王秦平说："经济发展方式的转变，首先来源于全体干部职工思维方式的转变，实现这两大转变，必须要有一个好思路，一支好队伍，一个好机制。"他认为，以往企业的一些改革，之所以难以落实甚至虎头蛇尾，就是因为没有好的机制。

改革需要突破，王秦平选择了两个突破口：第一个突破口是西沃公司的成立。当王秦平听到瑞典沃尔沃公司有对外合作意愿的消息时，敏锐地感到：沃尔沃公司作为一家大型的跨国公司，其汽车项目在国际上具有领先优势，与他们开展合作可能会给西飞公司民品发展注入强劲动力。因为没有生产汽车的经验，王秦平主张：一方面与沃尔沃公司谈判细节，一方面积极地与航空工业总公司及国家有关部门协调，申报设立合资公司方案。在多方不懈努力下，1994年9月13日，西飞公司与瑞典沃尔沃公司在西飞签订了生产豪华客车的合同。1994年12月，西沃第一辆大客车顺利下线，到1995年就卖出28辆B10M型豪华大客车，这一速度在当时成为行业内的典范。之后，随着成渝、沪宁、京太等高速公路的开通，西沃客车销量迅速上升，成为当时高档豪华客车市场上的领跑者，市场占有率一度达到1/3以上。

第二个突破口是西飞国际的重组上市。西安飞机国际制造股份有限公司（简称西飞国际）重组上市，是中航工业西飞建立产权清晰、权责明确、政企分开、管理科学的现代企业制度的大胆尝试。这在当时来说是一个全新的领域，没有现成的经验可以借鉴，上市工作本身又是一项政策性极强、复杂程度极高、工作量极大的系统工程。

王秦平生活照

当时陕西省体改办一位负责同志不禁感慨:"西飞这样的大型国企上市工作非常困难、复杂、繁琐!"但王秦平不为所动,迎难而上,在他的主导下,西飞公司成立了以王秦平为主任、公司主要领导都参加的筹备委员会,强化改制上市工作的领导。经过紧张和细致的筹备工作,最终经中国证监会批准,于1997年6月6日西飞国际股票在深圳证券交易所成功上市发行。西飞国际作为航空概念第一股,为西飞公司的整体改制提供了经验,使公司体制改革步伐大大加快,并为航空工业系统及军工企业的改制探索出了一条新路。

王秦平还在西飞公司开展了人事制度改革,实行了全员合同制;开展了分配制度改革,实行了职工岗位技能责任工资制,同时,还进行了职工住房和医疗制度改革,改善了职工住房和医疗条件,增强了职工的凝聚力,调动了职工的积极性,提高了劳动效率和效益,增强了企业的竞争力。

王秦平在担任西飞公司领导工作期间,应用现代科学管理理论,狠抓公司经营战略的转变和产品结构调整,使西飞公司形成军机、民机、国外航空零部件与非航空民品四大产品系列。他大力发展国外民用飞机零部件转包生产,先后与美国波音公司、麦道公司、法航、意航、欧洲空中客车公司等多家企业建立了稳定的转包生产关系。通过批量生产波音737飞机垂直尾翼、水平尾翼和投产MD90-30机身等大部件,既创造了可观的经济效益,又有力地促进了公司飞机制造技术的提高及向外向型企业的转变。他领导的公司员工在军品任务少的情况下，大力开发民品生产，先后从日本、美国等国引进全套技术，建立了多条铝型材生产线、产业布生产线和金属挂板生产线，开发出建筑铝型材、门窗及幕墙、系列豪华大轿车、产业布等多种支柱产品，形成了几十亿元的民品生产能力，为公司军民结合长远发展奠定了坚实的基础。

1997年1月，王秦平调任中国航空工业总公司党组成员、副总经理，曾先后分管全行业生产、质量、资产、供销、企业改革等工作。在抓航空产品质量过程中，王秦平曾多次去洪都航空工业集团公司，对强5小改和教8飞机定型都做了大量的工作，对某型导弹进行了全面的质量整改，达到了部队要求，装备了部队。为直11首批交付进行了大量协调工作。为了搞好航空工业总公司所属企业的减员增效、下岗分流、主辅分离和企业破产兼并等工作，王秦平多次去一些困难企业与领导、职工代表交流，宣传党和国家的政策，答疑解惑，做好企业职工的思想工作，同时也在国务院有关部委和地方政府方面做了大量的协商工作，使困难企业平稳度过改革困难时期，重新走上发展的道路。王秦平在航空工业总公司工作不到一年半的时间，还协助朱育理总经理抓了两件大事，一是为国庆50周年阅兵的120架飞机的保障工作，虽然最终1999年国庆阅兵时王秦平已不在航空工业总公司工作了，但他前期对质量一抓到底的工作作风为军方和有关厂所干部职工所称道；二是作为企事业领导干部考察小组副组长的王秦平，在总公司党组和朱育理总经理领导下，按照中组部的要求，组织了对全行业企事业领导干部的考察，这次考察打破了过去各司局各自为政考察任命的老办法，把干部考察、培养、使用等方面的工作放到全行业范围来考虑和安排，不仅在当时解决了企事业单位领导班子健全配备问题，也为以后航空工业的发展储备了一批后备力量，目前，有一批当时的后备干部正在航空工业及有关省、区、市各层面上担当重任。

1998年5月，王秦平调任国家质量技术监督局党组副书记、副局长。2001年4月，担任国家质量监督检验检疫总局党组副书记、副局长。先后分管全国质量、计量、质量监督、锅炉压力容器、压力管道及特种设备安全监督等涉及国民经济健康运行的工作。2005年10月任中国工业经济联合会高级副会长，中国质量协会副会长，中国计量测试学会理事长，中国计量协会理事长。1993年，他开始在北京航空航天大学经济管理学院读研究生，于2001年通过了博士学位论文的答辩，获工学博士学位，并先后在多种刊物上发表学术论文十几篇，著有《企业集团论》，编著《特种设备安全监察研究》等著作。

袁立本

袁立本（1940.8— ），河北蠡县人，原中国航空工业总公司党组成员、政治部主任。1958年考入北京航空学院导弹系飞行器结构专业学习，1964年大学毕业后考入该专业研究生，1967年被分配到江西抚州汽车底盘厂从事技术工作。1973年调入北京燕山石化总厂前进化工厂工作，历任技术员、车间副主任、党支部书记、副厂长、党委副书记等职。1982年调入北京市委工作，任经委政治部副主任，1983—1985年在中央党校进修，毕业后任北京市委副秘书长兼政法委常务副书记，1987年底被选为北京市委常委，并担任市委秘书长、北京市精神文明建设领导小组副组长、军民共建领导小组组长等职。1989年春夏之交，作为政府发言人，立场坚定、旗帜鲜明，出色地完成了党和人民交给他的任务。1994年调入中国航空工业总公司工作，任党组成员、政治部主任等职。1999年7月任中国航空工业第一集团公司高级顾问，2008年任中国航空工业集团公司顾问。袁立本是全国政协第十届委员，2010年1月退休。

1955年,袁立本进入北京男四中读高中。在校期间,袁立本被选拔进入北京航空俱乐部学习滑翔训练,高中三年间的每个周末、寒暑假他都要到北京市附近几个机场进行训练,培养了对航空的浓厚兴趣并萌生了从事航空工业的决心。1958年他如愿考入北京航空学院导弹系学习飞行器结构专业,1964年大学毕业后又考入该专业研究生,在此期间加入了中国共产党。

袁立本研究生毕业时正赶上"文化大革命",被定为"可以教育好的子女"。以他的家庭出身进入不了军工企业,更进入不了航空工业。于是,在1967年袁立本被分配到江西抚州汽车底盘厂从事技术工作,1973年调入北京燕山石化总厂前进化工厂工作,直到1982年调入北京市委工作。对于这一段经历,袁立本认为自己是一名共产党员,不论我们的党遇到什么困难,信念决不能动摇。尽管不能从事自己钟爱的航空工业,但不管到哪里都要做好本职工作,提高自己的思想觉悟和为人民服务的本领,经受住锻炼和考验。

1994年袁立本调入中国航空工业总公司工作,虽然不能在一线从事科研工作,但也圆了他从事航空工业的梦。在他担任中国航空工业总公司党组成员、政治部主任期间,在党组的领导下,袁立本带领政治部的同志们对新时期如何改进和加强思想政治工作、党建工作和领导班子建设进行了认真的思考和实践,并在激发干部职工积极性等方面做了有益的探索。这源于他对党的政治工作的理解,源于他每一件工作做好、做出特色的心态。

20世纪90年代初期,航空工业总公司制定了分3年、5年两步走,到20世纪末实现航空工业大发展的腾飞计划。为了配合航空腾飞计划的实施,总公司政治部于1994年3—5月在行业内开展了航空工业职工思想状况调查,并形成了一份《调查报告》。袁立本1994年7月调到中航总工作,面对行业内干部职工中存在的问题,作为党组成员、政治部主任深感责任重和压力大。新时期思想政治工作从哪里下手?他受其他单位成功经验的启发,在党组领导下,组织政治部在全行业开展了航空凝聚力工程。

航空凝聚力工程作为全行业精神文明建设的纲领,以增强行业凝聚力为主旨,以"兴航空、增国力、富职工"为目的,推动航空工业的快速发展。航空凝聚力工程包括四个子工程,即:核心工程、人才工程、形象工程、爱心工程。1995年2月以总公司党组名义下发了《关于印发〈航空凝聚力工程方案〉与〈航空凝聚力工程领导小组、办公室、各项目小组名单〉的通知》,朱育理任组长,袁立本任常务副组长。

为了推进航空凝聚力工程,同年3月中航总在成都飞机设计研究所召开了现场会;6月,针对航空凝聚力工程实施过程中出现的问题,下发了《实施航空凝聚力工程应注意把握的几个问题》的通知。在中航总开展凝聚力工程同时,围绕四个子工程,袁立本牵头负责基层单位领导班子作风建设,并把这项工作视为核心工程的关键;在人才

袁立本（第二排中）和中航工业永红援助的希望工程蓓蕾班学生及蓓蕾班毕业生在一起

工程上，为了留住航空工业人才，会同有关部门制定了"感情留人、事业留人、环境留人、政策留人"的具体措施；在形象工程上，抓典型、树榜样，营造良好的工作和生活环境；在爱心工程上，坚持先到困难企业去走访、调研，了解困难企业的情况，给他们送去精神食粮，鼓励他们坚定信心，克服困难，走出困境。

在开展凝聚力工程过程中，航空工业总公司确定把职业道德建设作为全行业精神文明建设和航空凝聚力工程的主攻方向，要把它作为融入企业管理的内容长期抓下去，加大宣传力度，营造舆论氛围，在全行业制定规范，在建章立制上下功夫。袁立本为了推进这一工作，深入基层，总结经验，于1997年3月主持召开了学习推广黎阳公司开展职业道德建设的现场会，交流各单位职业道德建设情况，研讨如何进一步推进职业道德建设工作，为使政治思想工作更有层次、更有针对性做了有益探索，有效地推进了凝聚力工程的深入开展。航空凝聚力工程的设计方案和实践成果，被评为1999年度国家机关政工成果特别奖。

为了发挥电视这一新时期多媒体的作用，1993年12月总公司政治部召开了电视工作研讨会，拟召开总公司电视工作会议。袁立本到总公司工作后，非常重视电视宣传这个媒体，把它作为新时期思想政治工作的有效载体，积极促进行业内部电视联播工作的开展和电视工作者协会的成立。

1994年下半年，航空工业总公司成功召开了电视工作会议，会议决定成立航空电视协会；联合创办《航空新闻联播》；抓好《腾飞计划纲要》的电视宣传；开展优秀电视片评选；加强队伍建设；划分片区协作组织，进行交流和学习。

航空电视协会成立以来，认真贯彻党的宣传思想工作的根本方针，努力加强队伍建设和制度建设，促进了各企事业单位基础设施的建设，充分发挥基层电视宣传的优势，运用电视手段凝聚航空职工队伍。《航空新闻联播》每月汇编后发放到各基层单位，利用企业的闭路电视、各种会议，围绕航空腾飞计划纲要和航空凝聚力工程，及时报道航空科研生产重大事项、领导讲话精神、积极宣传行业内的先进模范人物事迹、各单位文化建设等方面的信息，为思想政治教育、凝聚航空职工队伍、调动职工积极性、促进科研生产任务的完成做出了积极的贡献。为了激励全行业电视工作者振奋精神，开创电视工作新局面，1997年4月评出18个电视工作先进单位，总公司政治部下发文件通报表彰先进单位。

为解决农村人口的温饱问题，国务院制定了《国家八七扶贫攻坚计划》。根据中央精神，航空工业承担贵州安顺地区的镇宁、普定、关岭、紫云和陕西汉中地区的西乡、镇巴、略河、宁强共8个贫困县的扶贫任务。党组对此非常重视，认为尽管行业还有许多企业比较困难，但帮助农民解决温饱问题是义不容辞的责任，决定依托贵州011基地和陕西012基地，由总公司扶贫领导小组直接领导8个县的扶贫攻坚任务，坚持按科技扶贫、教育扶贫、救灾救急为主，多方位，多渠道，扶贫到村、到户方式搞好扶贫工作，并坚持"不脱贫、不脱钩"的原则。按党组的决定，袁立本连续担任航空工业总公司和中国航空工业第一集团公司扶贫领导小组组长至今。他以一个共产党员的党性原则、政治责任感和对贫困地区人民的爱心投入扶贫工作，千方百计完成国家和集团公司交给的任务。在扶贫工作中，为了筹集扶贫资金，他倡导了全行业开展"扶贫一元钱"捐助活动；并亲自出面向效益较好的企业征集教育扶贫经费。为了选准扶贫项目和保证扶贫项目的落实，他先后50多次带队到贫困地区深入实际考察，听取县、乡、村干部和贫困户的意见和建议，不辞辛苦，翻山越岭，深入贫困户家中检查扶贫项目落实到位情况。10多年来，航空工业先后开展的农业扶贫项目有：养殖黑山羊和黄牛；种植花椒、蘑菇、茶树；兴修水利、修建水窖；改善交通。在开展教育扶贫过程中，先后建设了10个希望小学。在两个基地领导和贫困地区人民的支持下，使航空人所投入的扶贫项目几乎干一个成一个，扶贫工作取得较好成绩，受到当地群众和领导机关的好评。

关　敦

关敦（1937.11—　），山西襄汾人，原中国航空工业总公司党组成员、纪检组组长。1956年考入北京航空学院有翼导弹总体设计专业，1962年加入中国共产党。大学毕业后被分配到北京航空工业学校筹建导弹制造工艺专业，任教师，1965年5月调任第三机械工业部教育司干部。"文化大革命"期间下放到汉中和襄樊干校劳动，1971年被分配到贵州平坝空空导弹厂任技术员、厂办负责人。1973年调第三机械工业部教育司，历任副处长、处长、副司长，1987年主持全司工作。1988年任航空航天工业部教育司（牵头）副司长、司长。1993年任中国航空工业总公司人劳局局长，1994年7月任中国航空工业总公司党组成员、党组纪检组组长，1999年7月任中国航空工业第二集团公司顾问，2008年12月任中国航空工业集团公司顾问，2010年1月退休。

关敦长期从事航空教育工作。在"文化大革命"后，先是致力于恢复航空工业办学机制，后来为适应改革开放形势需要，为建立航空教育新体制而竭尽全力开展工作。主要在管理和发展高等教育、高等和中等职业技术教育、加强职工培训、开展继续教育和三线职工子女教育及加强学生思想政治工作等方面建立了新的运行机制，把培养人才与社会需求紧密结合起来，特别是在培养适应航空工业现代化建设需要的高层次科技、教学、管理人才做出了成绩和贡献。

1977年关敦组织恢复办学秩序，整顿航空工业高校和职业技术教育工作；组织航空类高等院校深入企业、研究院所进行大量细致的调查研究，总结吸取"文化大革命"前教育教学的经验教训，调整"文化大革命"前设置的航空工业类及主要相关专业、确立培养目标、制定教学计划，贯彻厚基础、宽口径、高质量、强能力的原则；创建设置新的专业学科，积极推进重点院校加强理科；倡导增设试飞类、测试类专业学科，工业建设急缺的环保、工业安全技术、工业美术类等专业，办出特色；在教材建设方面具体组织引进国外教材、组织编审，吸收了先进的教学内容、实验室、教师队伍建设等方面取得了积极进展。1978年后关敦在恢复研究生培养制度，力争开办研究生院（部），建立博士、硕士培养点，制定航空科学技术类学科设置目录以及博士后科研流动站，大力培养高层次人才方面做了大量的工作。

全国教育系统是遭受"文化大革命"祸害最深的领域之一，航空工业教育系统表现尤为突出。为此，关敦和航空工业部教育司的同志们一起，整顿教育秩序、调整院系学科、开展研究生培养、提高院校教育质量和科研水平，使部属管理的3所重点航空院校、3所一般院校和一批职业专科、中专学校的教育得以恢复和发展。其中，3所重点航空院校科研工作成绩尤为突出，面向科研生产一线、面向国民经济建设，为航空工业型号研制服务、为现代化建设服务，并取得了成绩。到1984年底，3所重点院校科研体系、重点实验室建设得到加强，恢复了7个研究所和研究中心，扩充了36个研究室和研究点，建立了教学、科研、生产相结合的新体制，逐步把科研纳入教学过程。为高质量培养科学研究人才打下了基础。从1978年至1984年，北航、南航、西工大等3所重点院校共获得国家、部省级奖459项，仅1984年3院校获得国家发明奖就达72项之多。航空院校教育教学改革和发展的成果受到国家教委的重视和好评并获得全国首届教育科学优秀成果奖。

1978—1986年，在部党组的关心下，派出国留学和进修人员将近千人。当时采取短训与长训相结合的办法，鼓励进修人员多学、学好，鼓励他们积极回国为发展航空工业服务。这批学生在国外学习期间，刻苦钻研、成绩显著，回国后都活跃在航空工业各专业领域，有的还相继担任了航空航天工业部、航空工业总公司和航空工业集团公司的领导，大部分都在科研教学生产经营管理一线担任领导、总师、教授等职务。

2005年9月,关敦(中)在武汉仪表厂检查指导工作

在此期间,关敦还多次率团出访派遣学生学习地,与学生沟通,与校方和教授沟通,及时了解情况、解决问题,受到国外教育系统同行的好评。该项工作的一些做法,如《航空工业部出国留学人员管理办法》受到1984年中央智力引进工作会的肯定与表彰。

关敦在从事干部人事工作期间,正值航空工业领导体制处于重大变革、新老交替加速时期,撤部改制为总公司,从政府部门向企业总公司转型。首先要完成国务院、中编办批准的重组调整总公司组建方案的实施组织落实,确定"三定";同时参与总公司机关机构体制改革的调研、论证工作;在推进人事、劳动、工资3项制度改革中,尽可能做到当前与长远相结合,充分调动积极性提高效率与队伍社会稳定相结合,促进劳动合同制、干部聘任制的实施,并对补充养老保险等问题妥善处理;推进企业、事业单位工资改革,实施企业工资与效益挂钩、试行年薪制等。干部管理人事制度工作方面,按照党组要求在领导班子建设中注意把组织建设与思想、作风建设结合,提高素养、强化班子解决自身问题的能力;紧密围绕党组"2000年腾飞计划"开展人才智力资源开发和研究,明确提出建设高级经营管理人才、高级科技人才、高级技术工人3支队伍,"三个一千"的"三高为主、重在青年"的目标任务,并纳入2000年总公司腾飞计划的航空人才资源开发计划中,以提供腾飞计划的组织保障。此项成果受到国家人事部的重视与好评。为适应改革开放的新形势和新老干部更迭加速的需要,加强了干部交流、输送与培训工作,抓住时机利用沿海改革开放早的有利条件推进年轻干部挂职锻炼,收到了较好的成效。

关敦长期在航空工业领导机关工作，虽经几个部门的不同岗位变动，但都十分注意根据不同的性质任务要求，带动年轻干部，不断学习探索，并积极提倡"为人师表"、"服务基层"、"待人平等"、"干部之家"、"正直正气"、"法度严谨"，使业务工作与精神风范并增进。

关敦在总结中国航空教育并推动发展改革，介绍国外航空院校、研究机构、航空科技人才智力资源开发、科技队伍建设等方面以及干部人事制度改革、干部教育、监督、管理方面有研究成果和著述。

关敦曾多次获得部机关授予的先进工作者称号。1991年航空航天工业部为他记个人二等功。他以第一作者身份撰写的论文和科研成果，获国家教委二等奖和首届教育科学优秀成果奖，1991年获航空航天工业部科技进步二等奖，1994年获航空工业总公司部级科技进步二等奖；以主要参加者身份，1987年获航空工业部科技进步二等奖，1988年获航空航天工业部科技进步一等奖。他从1993年起享受国务院政府特殊津贴。

关敦1984年起参与航空工业部科技委人才与智力开发专业组筹建工作，任专业组秘书、成员、组长；1985年起任中国航空教育学会副秘书长、秘书长、副理事长、理事长；1992年起任中国高等教育学会常务理事；1988—1992年任中国航空学会继续教育工作委员会副主任、国防科技工业继续工程教育协会顾问；1992年受聘中央国家机关出国留学工作研究会顾问；1988年起担任国家人事部国家博士后科研流动站管理协调委员会成员；1994年受聘担任国家人事部"中华人民共和国工程专业技术资格评审条件委员会"委员。

关敦还长期致力于航空工业的纪检监察工作。在他领导下，制定了一系列防腐倡廉的规章制度，培养一批纪检监察人才，各厂所都建立了纪检监察机制和网络，有问题可及时发现及时处理，避免了重大损失的发生。处理了一批干部，也挽救了一批干部，促进了航空工业的发展。

1999年7月，关敦任中国航空工业第二集团公司的顾问，继续发挥老同志的作用。1999—2001年，关敦在全国"三讲"教育活动期间，被中央任命为巡视组组长、检查组长、指导检查组组长，赴一些中央国家机关、地方和中央企业进行督导检查。

刘高倬

刘高倬（1943.1— ），江西南城人，原中国航空工业第一集团公司党组书记、总经理。1961年考入清华大学工程力学数学系流体力学专业学习，在校期间加入中国共产党。1967年毕业后分配到青海西宁国营874分厂工作，1970年调入昆明国营5092厂。1973年进入昌河飞机制造厂从事直升机设计工作，先后担任设计员、气动组组长、设计室主任、设计所所长、厂副总工程师。1984年调中国直升机设计研究所任所长。1990年起先后任航空航天工业部直升机公司总经理、民机系统工程司司长。1993年起先后任中国航空工业总公司总经理助理、副总经理和党组成员。1999年任中国航空工业第一集团公司党组书记、总经理。2006年任中国一航科技委主任，现任中国航空工业集团公司科技委主任、中国航空学会理事长。受国务院国资委委派，还担任中国煤炭科工集团外部董事长，中国机械工业集团外部董事。刘高倬是中国共产党第十六次全国代表大会代表、主席团成员，第十届全国政协委员。

刘高倬1967年毕业于清华大学，在"文化大革命"的动乱年代，他和同班同学杜先珍（后成为他夫人）一起被分配到地处青藏高原、青海湖畔的国营874分厂。按当时知识分子必须接受工人阶级再教育的要求，他参加工作后的第一份工作是食堂炊事员，而且一干就是两年。这段经历虽然艰苦，但却培养了他乐观面对生活和坚韧不拔的性格。这段与基层人员朝夕相处患难与共的日子，更令他刻骨铭心，使他在以后的工作中总会自觉去关注弱势群体的感受。1970年，因新建三线企业的需要，他被调入昆明5092厂，真正开始了他的技术工作生涯。

1973年9月，刘高倬调入江西景德镇昌河飞机制造厂，在设计所从事直8设计工作。他负责完成的直升机带自动驾驶仪操纵稳定性计算方法填补了当时国内空白。在直8全机静力试验受挫，研制工作遇到困难的关键时刻，他主动请缨，独立研究出用动力响应方法计算直升机飞行载荷，给出了正确的载荷数据，使静力试验获得成功。作为第一获奖人，《直升机飞行载荷计算方法研究》获第三机械工业部科技进步二等奖。这期间，他先后担任设计室主任、设计所所长和厂副总工程师，并多次被评为厂劳模和景德镇市劳模。

1984年，直升机行业迎来了新的发展机遇，中央决定直8直升机由缓变上，为整合直升机的研发力量，也为更好协调厂所关系，航空工业部决定：厂所交换领导干部，调刘高倬到中国直升机设计研究所任所长。这对于一直从事技术工作并无管理经验的他来说，困难是显而易见的，更何况他要去的单位当时十分困难，长期没有型号任务，民品开发也是亏多盈少，仅靠微薄的事业费和预研费维持，人心涣散。他到任后立即和班子的同志们一起认真研究、统一思想，提出要抓住机遇求发展，努力实现"两个转变"：即由以预先研究为主向型号研发为主转变，由单纯科研型向科研生产经营型转变。同时向全所员工立下军令状：当年（1985年）要实现"新机上天，收益三百万"，不达目标宁摘乌纱帽。领导有决心，群众更努力。在大家共同奋斗下，直8飞机在12月顺利首飞，到年底收益的目标也实现了。刘高倬也因此被评为江西省国防工业系统优秀领导干部。

刘高倬担任所长6年，一直把型号研发作为重中之重来抓，他担任直8直升机的型号总指挥，亲历了研制的全过程。直8直升机成为我国自行研制并批量装备部队的第一个直升机型号。该型号获航空航天工业部科技进步一等奖。在他的领导下，研究所在自主研制直升机快速着舰装置"鱼叉"及其配套系统的基础上，又主动承担起在直9飞机上改装的任务，顶着许多人怀疑和不信任的压力，硬是比原计划的90天提前了36天圆满完成了任务，满足了部队急需，也创造了研究所设计并改装飞机直接交付部队的历史，大大提升了研究所的美誉度。与此同时，研究所还承担并完成了直9武装直升机的研究、设计、改装和"超黄蜂"直升机改岸基反潜机等一系列重点型号的研制任务，为我国国防建设和直升机事业的发展做出了贡献，也奠定了中国直升机设计研究所作为中国直升机总设计师单位的地位，为研究所今后的发展打下了坚实的基础。1988年中国直升机设计研究所被航空工业部评为有重大贡献企事业单位。

1990年刘高倬调航空航天工业部工作，这之前丰富的任职经历与阅历，奠定了他日后成为航空工业领军人物的重要基础。

开始他担任中国直升机公司总经理。由于历史原因，直升机工业在中国航空工业中居于相对落后的位置，下决心改变这种局面的刘高倬，努力抓住行业特点，不断探索和深化对直升机发展的规律性认识，发表了《关于我国直升机发展的思考》等见解，理清发展思路，制定了我国直升机发展规划，并努力来实施与落实，并因此荣立航空航天工业部一等功。

1992年刘高倬又调任民机系统工程司司长，在此期间，他面对我国民用飞机发展的复杂局面，努力理清民机发展思路，带领研发团队克服各种困难，推进了民机事业的发展。

1993年年中，他被任命为中国航空工业总公司总经理助理，协助总经理管理科技、教育和质量工作，统筹航空科研条件建设与技术改造。时隔一年，他又升任总公司党组成员、副总经理，主管生产调度、质量和企业改革管理工作，而后又主管军用飞机和民用飞机的型号研制工作。这期间，他领导制定了《航空工业质量振兴纲要》，并以此为抓手，把关乎航空工业生命线的质量问题推向科学管理、强化管理的阶段。针对国务院决定把航空工业总公司作为三个国家控股公司试点之一，在党组的领导下，经过大量研究论证制定了《航空工业总公司进行国家控股公司试点方案》，以此有力地推进了航空工业加强国有资产管理；推动全行业结构调整、深化航空体制改革和企业转换经营机制工作。

特别是在他主管航空型号发展时期，亲自担任了多个飞机型号的总指挥，超常工作、殚精竭虑。在担任歼8某型飞机总指挥期间，他长期在科研生产一线奔波，与型号共进退，攻关键、抢进度、保质量，泰山压顶不弯腰，终于取得成功，并总结出"激情进取、永不放弃"的"八三精神"。1997年，我国自行研制的第三代战斗机——歼10飞机在关键时刻遇到了巨大困难，他作为型号总指挥，受党组委派，率领工作组到一线靠前指挥，近6个月的时间，坐镇成都，现场指挥、协调和解决研制中的各种问题，经受了巨大考验，保证了歼10飞机这一国家重中之重项目的首飞成功。此后，"靠前指挥"这一工程指挥模式作为成功范例，受到上级部门的表彰和广大航空职工的赞扬，中央军委领导也多次予以肯定并在国防科技工业中提倡。歼10飞机研制获国家科学技术进步特等奖。

1999年，我国国防科技工业发生了两个重大历史事件，也对刘高倬的人生历程产生了重要影响。

5月，由于国际和周边形势的变化及提升国力的需要，中央果断决定启动"高新工程"，结束了"军队要忍耐"的历史阶段。一大批重点型号和项目的研发生产任务摆在我们面前，必须准时完成。中国航空工业面临空前严峻的挑战和前所未有的发展机遇。

7月，在国务院机构改革中，为适应市场经济体制，加快国防工业的发展，军工全国性行业总公司均改组为企业集团，我国军工体制面临一次巨大的变革。

在这样一个关键的历史时期，刘高倬受命担任了中国航空工业第一集团公司党组书记、总经理，从而迈出了他人生事业中最为关键的一步。

当时的中国一航面临着四大挑战：一是航空装备重点任务在历史上是最繁重的，列入"高新工程"的重点型号在军工集团中是最多的。二是民机发展相当滞后，很不适应国家经济发展需要，因此承受了国人巨大的压力。三是由于长期封闭的体系，军工体制和机制相对落后。同时作为一个高技术产业，科研投入少，技术储备明显不足，与加快军工发展的要求形成较大反差。四是当时军工企业经济十分困难，当年中国一航整体上还是亏损的。面对复杂形势与艰巨任务，刘高倬和党组的同志们认真学习中央领导同志关于军工发展、军工体制改革的多次讲话指示精神，反复分析形势，剖析困难和风险，理清发展思路。提出中国一航要加快"两个转变"，即从计划经济向市场经济的转变和从政府机关向企业的转变。实施大集团战略，即"把集团建设成为产品有竞争力、技术有创新力、资产有增值力、集团有凝聚力、国内外有影响力的大型企业集团，成为一家快速成长、创造卓越的公司，跻身于世界航空工业强者之林"。

加快航空装备的发展，是中国一航承担的首要责任和核心任务。当时国家下达给集团公司的任务空前繁重，项目之多、周期之紧、经费之拙前所未有。刘高倬作为第一责任人，承担着巨大的压力。他表示国家和人民的利益高于一切，使命重于泰山。面对几乎不可能实现的任务，对航空人来说既是严峻的挑战，更是千载难逢的机遇，"人生能有几回搏"！他带领着集团公司20多万名员工牢记神圣使命，不负祖国重托。他们不畏艰险，奋勇拼搏；他们呕心沥血，日夜奋战；他们长期坚持"611"、"711"工作制，即每周工作6天甚至7天，每天工作11小时；他们付出了极大的汗水和心血，奉献着忠诚、热爱、智慧、才华乃至生命。拼搏奋斗终于创造了奇迹，到2005年底，中国一航全面完成了"高新工程"任务。为祖国的航空装备建设实现了四大跨越，即

刘高倬在工作现场

"以歼10等系列飞机研制成功为标志,实现了我国军机从第二代向第三代的历史跨越;以'太行'发动机研制成功为标志,实现了我国军用航空发动机从第二代向第三代的跨越;以新型空空导弹研制成功为标志,实现了我国空空导弹从第三代向第四代的跨越;航空机载设备和系统也实现了更新换代的跨越。"四大跨越的实现,使我国成为少数几个能同时自主研发先进战斗机、发动机和导弹的国家,大大缩短了与发达国家的差距,实现了从"望尘莫及"到"望其项背"的跨越。中国一航取得的成就,多次受到国家和使用部门领导的表彰。时任中央军委委员、空军司令乔清晨将军非常兴奋地表示:我国空军装备实现了由"捉襟见肘"到"得心应手"的转变。

民用飞机历来是中国航空工业发展的一个瓶颈,屡遭挫折与误解。在刘高倬的领导下,中国一航认真总结过去的经验教训,努力认识民机发展的规律,理清了民机发展的新思路,通过整合民机研发力量,创建适应民机发展的新体制,总结并提出"要对市场特殊理解、对客户特别关注"的市场观、客户观,自主研发新型涡扇支线客机——ARJ21取得了重大进展。新型涡桨支线客机"新舟"60成功地打开了国际市场,出口十几个国家。航空零部件转包生产迅速增长,与国外主要飞机、发动机和机载设备厂商的合作日益加强。

面对航空工业长期存在的深层次矛盾,刘高倬下定决心,排除阻力,坚决实施结构调整,解决重复建设问题。按照"精化分立、重组整合、发展壮大"的思路,重组调整了一大批单位，进行了大面积的结构优化。为解决长期存在的体制机制落后问题，他在全集团实施了一系列突破性的改革，大力推进航空企业建立现代企业制度，抓住机遇做好企业脱困、破产和重组工作，积极组织企业股份制改造与上市，在他的主导下，还率先在总部实施全员竞聘上岗，对所属企业开展经营责任考核，实行经营者年薪制，对科研院所进行模拟年薪制考核，改革调整的推进与不断深化，使中国一航出现了脱胎换骨的变化。

中国军工企业与发达国家比较，不仅仅在技术上存在差距，更重要的是在管理上差距更大，刘高倬要努力改变这种状况。几年的时间里，他和同事们在借鉴国外先进管理理念和方法的基础上，结合集团实际，初步打造出中国一航管理创新平台。他们以关注客户为焦点，以数据说话、持续改进、优化流程为重点，以提高速度和质量、降低成本为目的，以流程再造为纲，以信息统计、6S管理、管理信息化等为基础，以精益六西格玛为主线，吸纳和融入矩阵式项目管理、知识管理等现代管理理念和方法，形成了一个开放式、多层次、信息化、有一航特色的管理平台。以此统领集团管理创新，并逐步引导上升为一航文化，从而大大提高了中国一航的管理水平。

作为一个大型军工集团的领导者，刘高倬始终在考虑，要基业常青、持续发展，必须形成具有创新特色与强大凝聚力的集团文化，为此他做出了不懈努力。全面加强航空队伍建设，培养了一支高素质的员工队伍，造就了一批领军人物和专业技术带头人。同时，集团刚一成立，他就提出必须把集团文化建设作为战略性任务来抓，为此，确立了"航空报国，追求第一"的集团理念和"激情进取，志在超越"的集团精神，全面实施《集团文化建设纲要》。他强调文化就是氛围和习惯，文化建设是一个不断积淀的过程，并在实践中逐步提炼和建设具有一航特色的型号文化、质量文化、创新文化、诚信文化和品牌文化等，同时，还在全集团强力推行了以6S（整理、整顿、清扫、清洁、素养、安全）达标为主要内容的一流环境建设。几年下来，集团文化建设彰显了巨大的成效，成为推动中国一航加速发展的强大动力，也多次受到国家有关部门的表彰。

在刘高倬的领导下，中国一航经历了7年的发展，这是我国航空工业发展中具有关键意义的7年，是航空工业为国家做出重大贡献、中国一航发生深刻变化的7年。7年中，他们提供了一大批更新换代的航空装备，出色地完成了国家和人民交给的光荣任务，而且使集团的航空科技水平上了一个台阶，掌握了一大批先进技术；产业能力上了一个台阶，企业和科研院所发生巨大变化，装备制造水平有了大的提升；规模和效益上了一个台阶，"十五"主要经济指标提前两年完成，资产总额翻了一番，销售收入年均增长22%。集团在世界航空航天百强中的排位从1999年的第

54位上升到2005年的第20位。为中国航空工业今后持续、快速、健康发展奠定了坚实的基础。

在航空工业发展不断取得成就的同时，刘高倬常常讲，我们今天取得的成就，是几代航空人几十年奋斗的结果，一个重大型号一干就是十几年，几十万人把青春与才华献给了航空事业，不少人还为之付出了宝贵的生命，包括一批总师级的高级人才，我们永远不要忘记他们！

2006年，由于年龄原因，刘高倬退出了一线领导岗位，但依然没有离开他所钟爱的航空事业，还在继续为之努力地工作。

刘高倬是中国共产党第十六次全国代表大会代表、主席团成员，第十届全国政协委员。

张彦仲

张彦仲（1940.3— ），陕西三原人，原中国航空工业第二集团公司总经理、党组书记，中国工程院院士。1960年入党。1962年西北大学物理系毕业，分配到航空计量检定所工作。1968年下放当锅炉工两年，1973年任所党委常委，1978年任副所长。1981年留学剑桥大学三一学院研究信息技术，1984年获博士学位回国。1985年任航空工业部副总工程师兼科技局局长，1986年任航空工业部总工程师。1988年任航空航天工业部总工程师，1989年任悉尼大学客座教授。1993年任中国航空工业总公司党组成员、副总经理兼中国航空研究院院长。1999年任中国航空工业第二集团公司党组书记、总经理，2003年兼任"中航科工"董事长。2004年起任中国航空工业第二集团公司、中国航空工业集团公司科技委主任。2008年任国家大型飞机重大专项专家咨询委员会主任。张彦仲是中共十三届、十四届中央候补委员。1985年党的全国代表会议代表，党的十三、十四、十五、十六大代表，十六大主席团成员。全国政协第九、第十届委员，人口、资源和环境委员会委员。2001年当选中国工程院院士。

张彦仲1962年从西北大学物理系毕业，分配到航空计量检定所，研究振动冲击和故障诊断。1968年下放当锅炉工两年，1973年任所党委常委，1978年任副所长。他任课题组长负责研制的"气炮、落球及弹道冲击摆"三项加速度校准装置，是我国第一套完整的加速度校准系统，解决了飞机弹射救生的加速度校准问题，保障国产歼击机的弹射救生安全，获1978年全国科学大会奖。1974年，他率先开展飞机故障诊断研究，开发"动态频谱匹配法"；并提出用转速跟踪滤波法诊断谐波振动的加速度，排除了55架飞机故障，获1978年全国科学大会奖。他作为获奖代表出席了邓小平主持的全国科学大会。他任专业组长负责研制的振动测量仪长期用于生产，获三机部科技成果奖。

张彦仲1981年留学剑桥大学三一学院研究信息技术，曾任中共剑桥大学党支部负责人。1984年获博士学位后回国，是剑桥大学三一学院第一位新中国博士。他在世界上首先用"有限状态机"实现数字系统，提出用图论中的"最小生成树法"，成功地解决了"极限环振荡"难题，获"威－格－瓦电气工程奖"。他研究发展"异或电路简化"学科，用格雷码排序，提出"邻接极性映射法"，系统解决了异或电路简化问题，为异或电路的CAD及应用奠定基础。国外引用该论文133次，有两次国际专题会议研讨这一新领域，形成一新学科分支，其应用获航空航天工业部科技进步奖。1983年，他提出用异或电路设计稳定反馈移位寄存器的直接及间接两种综合法，获"剑桥大学校长奖"。他首创了"子群卷积"FFT算法，在世界上首次提出子群的定义，用群论法证明子群的循环特性，创造FFT的子群卷积算法。该算法运行量小，易于并行处理，是一种比FFT更优越的新算法。其应用获航空工业部科技进步奖。回国后，他又研究提出"快速递归DFT"，把乘法次数降低到$N/2$次，时为世界最少，并做出硬件，速度快，结构简单，获航空航天工业部科技进步奖。他独著的《数字信号处理系统及其实现》，获国家新闻出版署全国优秀科技图书奖，该书的英文版由CRC出版社在纽约出版，已被美国国会图书馆等几百家世界著名图书馆收藏。

张彦仲1985—1986年任航空工业部副总工程师兼科技局局长，1986—1988年任航空工业部总工程师，负责航空科技工作。主持制定了航空科技发展规划，在前人的基础上，优选出先进气动及主动控制技术、高推比发动机技术、电子综合技术、CAD/CAM数字化技术、先进材料及制造技术等五大关键技术。组织进行了15年的攻关，现在我国已掌握了第三代飞机的核心技术。1985年12月，他组织创立"航空科学基金"，是国内最早的科学基金。至2000年，基金已资助2280个项目，14933人次，获国家级、部级奖336项，出版专著275部，论文1万多篇，培养研究生4310人。

1988—1993年，张彦仲任航空航天工业部总工程师，分管航空科技、生产和质量，协管民用飞机和直升机。负责运8C气密型、运7－200、运12Ⅵ、运5B、农5A、直

9A、直 11 的研制和取证，均获适航证及国家奖。运 12Ⅵ取得我国第一个美国 FAA 适航证，曾获国家科技进步一等奖。他主持完成直 9 直升机的 547 种机载设备，149 种材料的国产化，曾获国家科技进步二等奖，1997 年直 9 直升机随驻港部队进驻香港。1992 年他任国际航空科学理事会组委会主席，在北京组织召开了"国际航空科学大会"，有 30 多个国家、500 多名中外专家参加，在世界航空界影响巨大。

1993—1999 年，张彦仲任中国航空工业总公司党组成员、副总经理，兼中国航空研究院院长，分管航空科技、教育和机载系统工程工作。

科技方面：倡导并奠基建设航空重点实验室和金航工程，他任领导小组组长。已建成 20 多个先进的航空实验室，奠基航空基础研究的重要平台，获中航总科技进步奖。1995 年他和其他同志一起，倡议将航空列入高科技，被中央采纳，写入十四届五中全会决定，确立了航空的高科技地位，影响深远，该建议获优秀管理论文奖。

教育方面：积极组织北航、西工大和南航进入"211 工程"，得到国家重点支持，建设国内一流大学。1996 年他给李岚清副总理写信倡议并筹集"航空奖学金"，并任奖学金主任。到 1999 年，航空奖学金已资助 600 名贫困大学生，4000 元/人年，是我国数额最高的奖学金之一，缓解贫困学生学航空的困难。

机载系统方面：他与大家一起，研究提出并建设航空电子、飞控惯导、武器火控、液压环控、救生装置等五个机载中心，理出了机载 60 多个厂所的调整发展思路。他任总指挥主持完成神鹰雷达的预研和研制。在国外封锁、国内竞争、自主开发、经费缺乏的困难中，组织完成神鹰雷达的研制及在"飞豹"飞机上的领先试飞、列装定型，结束了 PD 雷达受制于人的时代，曾获国家科技进步二等奖。他任总指挥主持完成新空空弹工程的预研和立项；确定以我为主、国内外结合的技术途径；提出分二步实现超视距和多目标能力的总体方案，实施向第四代主动雷达弹的重大跨越，确保空空弹中心的生存和发展，后获国家科技进步一等奖。

1999—2003 年，张彦仲任中国航空工业第二集团公司党组书记、总经理，担任大型国有企业集团的一把手。受命组建集团初面临"三少一多"的困难："三少"一是军品任务少，不到 10%，没有一个"高新工程"项目；二是国家投入少，科研和技改费仅占原航空工业的 12%；三是科研单位少，只有 3 个研究所，仅占原航空院所的 8.8%。"一多"是亏损企业多，亏损面达 2/3。他带领集团职工，艰苦奋斗，自强拼搏。针对"三少一多"的特点，组织认真分析，采取了以下相应对策。

争取高新工程：中航二集团军机原无重点型号，2000 年，张彦仲领导大家力争到空警–200、新直升机等 6 项"高新工程"项目。并认真组织研制，均在 2003 年前上天，现已定型装备。他获"高新工程"金质奖章。

大力开发民机：立项研制，自主开发直 8F，H410、H425 直升机，运 12E，运

8F-400、运8F-600、"蛟龙"、"小鹰"500等12种民用飞机。运12E、运8F飞机、直9A、直11直升机及涡轴8A发动机等都取得了中国民航的适航证。他积极实施"引进来"的战略，2002年与巴西签订了合资生产ERJ145支线飞机合同。经国务院批准，成立了合资公司，一年首飞，已有几十架飞机在航线飞行。

扩大飞机出口：积极实施"走出去"战略，1999年，K8飞机成功地以生产线转让形式出口埃及80架（后增加40架），开创了从单一出口飞机转变为出口飞机生产线的先河！2001年与法国、新加坡合作生产的EC-120直升机，年出口机身120架份，并建立国产品牌HC-120直升机总装线。与西科斯基公司合作生产S92直升机。2002年决策立项，自主研制L15等外贸飞机，现均首飞上天！

积极发展汽车：汽车是中航二集团的主要产品，占总产值的70%以上，是集团增赢的主力。集团非常重视汽车的发展，提出从面包车向轿车，化油器车向电喷环保车，传统营销向现代营销的"三个转变"。张彦仲率领大家向国家争取"哈飞赛马"、"昌河北斗星"和"哈飞路宝"、"昌河爱迪尔"等轿车、多功能车的立项，有力推动了汽车的快速发展。汽车产销量平均年递增30%，三年翻了一番多，2002年已占全国年微型车产销量的43%，时居全国第一。

三年扭亏脱困：充分利用国家给军工企业改革脱困的政策，把深化改革、结构调整和企业脱困、发展结合起来。他对汉中、雅安、成都、兰州、长春、常州、河南等地的亏损企业进行调研，与各省联合办公，一厂一策做好扭亏脱困工作。经过3年艰苦努力，中航二集团从1999年的亏损大户，到2002年扭亏为盈，利税十几亿元。三年实现了由亏损大户到军工集团利税大户的转变。他因此受到国防科工委的奖励。

成本系统工程：为加强企业管理，提高经济效益，2000年，张彦仲创造性地把系统工程与成本管理相结合，提出并推广"成本系统工程"。每年降低成本3%，3年降低成本10多亿元，获国防科技进步奖。

整体上市改革：张彦仲提出"三步走"建设大集团的发展战略，在军工集团中率先实施战略重组整体上市的重大改革。第一步，对单个企业进行股份制改造和上市。三年来，洪都航空、哈飞股份、昌河股份和成发科技4家A股上市成功，东安动力、哈飞航空配股增发。缓解发展资金缺乏，增强发展实力；转换经营机制，建立现代企业制度。第二步，在全集团范围内实施战略性重组，完成主业资产52.8%的民用飞机、民用直升机、教练机、转包生产、汽车及其发动机等股份制改造，2003年5月成立中航科工股份公司（HK2357），于2003年10月在香港成功上市。不仅筹集到资金，更重要的是加快建立现代企业制度，成为国际市场认可的现代化企业。这两步，共在资本市场上筹资几十亿元。第三步，是采取"滚雪球"的办法，将经过改造可成为优良资产的部分注入上市公司。拟通过增资扩股、并购、资本运作，使虚拟经济与实物经济

2003年10月30日，中航科工（HK2357）在香港成功上市

相结合，把上市公司越滚越大，建成主业突出、核心能力强、有国际竞争力的大集团！

弘扬"强五"精神：集团公司努力培育自强拼搏、求实创新、科学发展、勤奋廉洁的先进企业文化。提出了弘扬"自强拼搏、求实创新"的"强五"精神和集团精神，以及"以德治企、崇德为尚"的思想理念。树立了陆孝彭、石屏等先进模范典型，发扬不怕困难、百折不挠精神。他坚持实干兴航，提倡说实话、干实事、求实效；反对假大空。以发展为重点，不搞形式主义、不搞"形象工程"。建设学习型企业，按科学思路发展。提倡时刻想到创业艰辛，勤俭办事，廉洁奉公，以身作则。2003年中航二集团被中纪委等部委授予"厂务公开"先进单位。

张彦仲2003年12月退居二线，任中航二集团、中航工业科技委主任。2004年兼任中国工程院机械运载学部主任、主席团成员，继续为国家及航空事业的发展做贡献。2005年他任中国工程院《建设节约型社会战略研究》课题组长，组织100多名院士专家,花两年时间研究提出:单位能耗降40%的目标、支持小排量汽车、重视风电和核电等一整套建议,被国家采纳,开始实施。2005年,他代表中国在日内瓦联合国贸易发展大会上作"研发全球化的新趋势"的发言,受到各国关注,会后又受邀赴加拿大、德国作报告。2009年他受特区政府的邀请,赴港做"当代杰出华人科学家公开讲座"主讲嘉宾,宣讲国内重大科技成就。2010年赴澳门科技大学做"科技大师讲座"主讲嘉宾,并被聘为荣誉教授。

2004年,张彦仲参加《国家中长期科技发展规划》的制定,与专家一起积极建议把大型飞机列入16个重大专项,被中央采纳。2006年,国务院成立大型飞机方案论证委员会,由他和李未、顾诵芬共同主持。经过艰苦论证,协调长期以来"军民之争、东西之争、内外之争、大小之争"的四大争论,提出"军民统筹,东西兼顾,内外结合,小先大后"的大型飞机实施方案。得到党中央、国务院和中央军委的批准正式立项研制。2008年,国务院批准成立大型飞机专家咨询委员会,张彦仲任主任,为国务院大型飞机重大专项领导小组提供决策咨询服务。2008年6月,他主持工程院《救灾机械与运载装备》的研究,首先提出建设航空救援体系的建议,被中央采纳。2010年,他与李天主持中国工程院、中国科学院《十二五航空战略性新兴产业》的研究。经多方努力,大型飞机、支线飞机和通用飞机被国务院纳入"战略性新兴产业"中,受国家重点支持。

张彦仲兼任国际航空科学理事会(ICAS)理事;北航教授、博士生导师;全国信号处理学会理事长;中国航空学会、宇航学会、振动工程学会、高科技产业化协会副理事长等。1986年获国家级有突出贡献的科技专家称号;1991年获全国优秀留学人员奖;2000年获剑桥国际中心二十世纪科学成就奖;2004年获全国企业管理精英人物奖(排名第一)。

张彦仲是航空系统工程与信号处理专家,在振动冲击、故障诊断、信号处理及系统工程方面做出突出贡献。主持完成若干飞机、导弹、雷达、直升机和重大预研项目的立项和研制工作。共获:国际奖2项,全国科学大会奖2项,部级奖9项(10项排名第一)。出版中英文学术专著10部(9部为第一作者),英汉字典1部,论文200多篇。他培养20多名博士。2001年当选中国工程院院士。

张洪飚

张洪飚（1945.3— ），河北昌黎人，原中国航空工业第二集团公司党组书记、总经理。1968年毕业于北京航空学院飞行器设计系，同年在哈尔滨东安发动机公司参加工作。1979年考入重庆大学，攻读齿轮传动专业硕士研究生，1981年12月获工学硕士学位，后留校任教。1983—1990年回到哈尔滨东安发动机公司工作，历任车间技术副主任、车间主任、总工程师助理、副总经理、总经理。1990年调到航空航天工业部，历任副总工程师、总工程师、党组成员。1993年起任中国航空工业总公司党组成员、副总经理。1998年4月，调至国防科学技术工业委员会任党组成员、副主任，在中国航空工业总公司撤销之前，兼任航空工业总公司的职务，1999年2—6月主持航空工业总公司工作。2003年12月任中国航空工业第二集团公司党组书记、总经理。2008年10月任中国航空工业集团公司科技委主任。

1983—1990年，张洪飚在哈尔滨东安发动机公司工作期间，历任车间技术副主任、车间主任、总工程师助理、副总经理、总经理。在担任领导工作期间，张洪飚大胆调整生产线，狠抓产品质量和市场营销，使产品畅销，东安生产发展，公司于1989年晋升为国家二级企业，他被评为部级劳动模范。1991年，张洪飚被国家教委、国务院学位委员会授予"做出突出贡献的硕士博士学位获得者"称号。

1985年，张洪飚担任东安公司生产副厂长时，就提出了精益生产的理念。他要求生产部门结合实际，根据需要和工作负荷，合理安排生产进度，严格限制月初和月末的星期天加班，严格控制安排三班，提出了受控状态下弹性考核期，通过提高劳动生产率，合理调整生产班次，减少加班人数，大大压缩了生产成本。同时他还提出了生产用汽一周锅炉停三天开四天，最后过渡到停五天开两天，有效杜绝了能源浪费。1986年8月，张洪飚就任东安公司总经理。上任第一个月，因为银行扣掉了减速器贷款的利息，造成了严重的资金缺口，但是他带领东安公司发展直升机传动系统的决心没有丝毫动摇，靠企业自筹资金和银行贷款发展"海豚"项目，完全摆脱了军工厂等、靠、要的一贯做法，使得"海豚"项目（就是现在的直9传动系统"三轴两器"）在装配直9及直9系列直升机过程中表现得非常出色。

1987年，张洪飚在公司职代会上提出了"上质量，降成本，抓开发，争效益"的经营思想，大力开展双增双节运动，教育全体职工树立节约光荣、浪费可耻的经营观念、节约观念、效益观念，制定行之有效的管理制度和考核办法，讲科学、办实事，不断降低物资消耗。在前5个月生产任务不足、后7个月生产任务剧增的情况下，经受住了严峻考验，克服巨大困难，顽强拼搏，扭转了被动局面，提前一个月全面实现了生产经营目标，在工业总产值、商品产值、自揽民品产值、销售收入、微发产销量和全员劳动生产率6个方面都创造了公司历史最好水平。

张洪飚善于抓管理，注重精益化。在1988年职代会上制定了"以压缩资金为重点，以完善定额管理为基础，以提高质量为核心，以均衡生产为突破口，全面提高企业管理水平"的指导思想，狠抓储备资金、生产资金和销售收入资金管理，把指标分解落实到相关业务部门，通过三项资金管理，使成本大幅度下降。他在东安汽车发动机分厂开展准时生产活动，亲自给班组长以上干部讲解丰田生产管理模式，强调其核心是消除一切浪费，也就是现在推行的精益管理。通过加强作业计划下达的科学性和准确性，加大现场调度组织协调的力度，使生产作业计划完成率大幅度提高，公司生产水平稳步提高。

张洪飚任东安公司总经理期间，他提出了大企业、大生产的发展思路，按照现代化企业管理方式来经营管理公司。他多次提出，东安公司的发展一定要立足于直升机传动系统，提出了要大刀阔斧地整顿产品质量，大张旗鼓地大练基本功，这一系列举

张洪飚工作照

措为公司的持续健康发展奠定了坚实的基础。1988年,他带领干部职工发扬"严格求实,艰苦拼搏,争创一流,兴我东安"的企业精神,实现了公司经营的重大转折,产值、利润"双过一",人均产值过万元,人均利税过千元,产值首次突破亿元大关;微发产量超过两万台,初步实现了向大企业、大生产的过渡;公司初步形成了"军民结合"的生产经营体系。1989年,张洪飚根据大企业、大生产需要高度集中统一指挥的要求,继续加强了公司集中统一指挥、统一协调、统一调度的权力,加强了对人、财、物的宏观控制,确保了公司经营目标的完成,工业总产值首次突破2亿元大关,利润上千万元,再创历史最好水平。公司形成了微发、航发两大支柱产品,由小批量军品生产管理模式发展到大企业、大生产经营管理机制,竞争能力、应变能力、生存能力和自我发展能力大大增强,当年东安公司晋升为国家二级企业。

　　张洪飚工作作风扎实深入,经常到基层了解和掌握第一手材料。他敢做敢为,严格要求,严格管理,作风正派,原则性强,不怕得罪人。他注意廉洁自律,严格要求自己。他在工作中注意讲究工作方法,善于协调各方关系,注重班子团结,充分发挥每个人的长处,重大事情集体商量,发扬民主,不搞一言堂,工作上协调一致,使大家能够心情舒畅、群策群力、团结协作共同开展好工作。在他的带领下,东安公司先后荣获了航空航天工业部及省、市级多项荣誉称号,公司走上了持续健康快速发展的轨道。

1990年，张洪飚调到航空航天工业部工作，历任副总工程师、总工程师、党组成员。1993年起任中国航空工业总公司党组成员、副总经理，主管航空发动机科研与型号研制、军转民与民品发展、资产经营、外事外贸等工作，并担任多项国家重点航空发动机科研、型号工程的行政总指挥。在担任中等推力航空发动机研究项目总指挥时，主持制定了研制方案，并亲自到燃气涡轮研究院蹲点3个月，现场指挥高压七级压气机的试验。随后，组织中推核心机的研制，按计划达到了性能指标。张洪飚担任行政总指挥的涡喷14发动机，在试飞中出现几次空中停车故障，他果断确定用喷水逼喘方案进行整机喘振裕度试验，为确定涡喷14发动机空中停车排故措施及时提供了可靠的技术依据。

张洪飚较早提出了航空发动机产业结构调整的思路，主张航空发动机企业要实现专业化发展，每个企业重点发展三大部件，每个大部件布局两个点，并使之成为精良加工中心。在企业改革脱困方面，1992年张洪飚就提出了"先挖渠后放水"的企业改革设想，让一部分企业带着设备和产品剥离出去，在改制过程中建立现行企业制度，从而帮助被剥离的企业生存和发展。与此同时，张洪飚还提出了民品发展规划，指出民品发展所需资金可以申请国家技改项目、合资、上市募集资金和企业间相互参股等四种方法，从而带动航空工业民品的发展，为国民经济建设服务。

1998年4月，张洪飚任国防科学技术工业委员会党组成员、副主任，在中国航空工业总公司撤销之前，兼任航空工业总公司的职务，1999年2月起主持航空工业总公司党组和行政工作，负责按国务院机构改革的要求将总公司改组为两个企业集团的工作。1999年7月1日，中国航空工业第一集团公司和第二集团公司宣告成立。在国防科工委工作期间，张洪飚积极关注支持航空工业，特别是航空发动机事业的发展，以建立航空发动机设计体系为主要目标的航空推进技术验证计划（APTD），得到国务院和国家有关部委的赞同，并以专款支持。由他主持提出的以建立航空发动机基础体系为目标的航空发动机基础建设专项，得到国防科工委党组的一致赞同。在发动机设计技术方面，他提出，航空发动机的发展要大力加强基础技术研究和基础设施建设，研究所要致力于建立自己的试验数据库，建立自己的发动机设计准则和规范，最终形成自己的设计体系。要通过使用信息技术，开发建立计算机数字模拟和仿真系统，努力实现跨越式发展。他主持制定了飞机数字化专项，极大地缩短了航空各产品的研制周期，提高了质量，并且主持研究了航空机载设备发展规划，为航空机载系统的平台建设奠定了坚实的基础，同时，率先倡导普通机床数控化改造工程，为国家节约了大量的技改资金。他根据多年的实践和深入探讨，提出了国防工业发展的十个关系。他主抓国防科技工业改革调整脱困攻坚战的工作，国防科技工业改革调整脱困各项工作正积极稳妥地向前推进。在负责国防科技工业军转民的工作中，以创新的思维积极组织、领导各军工集团和企事业单位,不断研究和探索国防科技工业新的经济增长点,取得了显著的经济效益和社会效益。

2003年12月,张洪飚担任中国航空工业第二集团公司党组书记、总经理。在2004年1月召开的中航二集团工作会议上,张洪飚就提出了"诚信经营、品质一流"的全新的企业理念,要求全集团干部职工用一流的人品生产一流的产品,用一流的人品做好一流的服务,用一流的人品开展一流的合作。为了调动干部职工积极性,张洪飚还在中航二集团开展了以"危机感、责任感、紧迫感"为主要内容的危机管理和三感教育,让全体干部职工了解企业所处的历史地位,让每一个职工都了解到"企业离破产永远只有12个月的时间",动员干部职工背水一战、奋发有为,搞好改革的推进和生产的发展。2006年11月21—23日,中航二集团召开党组扩大会议。为了统一全集团干部职工思想,张洪飚在大会上就解放思想、转变观念、实现中航二集团跨越式发展等问题,做了正确处理十个关系的讲话。这十个关系是:发展同理念的关系、发展同战略的关系、发展同机制的关系、发展同风险的关系、发展同金融工具的关系、发展同人才的关系、发展同资源的关系、发展同创新的关系、发展同管理的关系、发展同领导班子的关系。同时张洪飚又提出了抢抓机遇的问题,他强调要抓住战略机遇、抓住策略机遇、抓住工作机遇,只有这样才能使中航二集团改革与发展跟上时代的步伐。会议还根据张洪飚讲话精神,制定了产品发展目标和科技发展目标:发挥优势、抓好集成创新、提升系统集成能力,逐步开展原始创新,掌握自主知识产权,实现航空高新技术武器研制和高技术产业化能力转型升级,加快推进创新集团建设。

在抓理念的建立和危机管理的同时,张洪飚深入基层了解情况,帮助企业分析困难和存在的问题,为企事业单位寻找产品发展的方向和目标,仅用不到一年的时间,为主机厂、发动机厂和汽车厂等主力企业确定了主要产品(军品和支柱民品),各有关单位也明确了发展目标。2005年根据形势发展,张洪飚提出了"加大改革力度,加快发展速度"的改革思路,用提高企业效率推动企业效益的提高。一方面中航二集团抓主辅分离、辅业改制,另一方面在人事制度改革上加大力度,在提高生产力的基础上降低生产成本,从而达到生产效率和经济效益的大幅提高。据统计,中航二集团工业企业总人数从2003年的14万人减到2008年的10万人,减幅达41%左右,而生产总值以每年平均12.6%速度递增,从2005年起利润每年平均以72%的速度递增,国有资产保值增值率达到138%。

抓管理,也是企业发展的关键。张洪飚在中航二集团不仅逢会必讲精益生产、六西格玛管理,还重点推动了数控设备提效工程。在集团内部开展了技术培训,主抓了昌河飞机公司和北京航空航天大学成功合作的范例,并在全集团范围内推广,有效地解决了生产能力不足和生产效率提高的问题,降低了生产成本,提高了企业效益。在管理水平不断提高基础上，中航二集团在张洪飚倡导下狠抓技术进步，充分发挥企业内部的研制单位作用，加快建设技术中心，全面提升企业技术水平，为长远发展打下基础。在对外合作方面，张洪飚认真分析和吸取了直升机及其动力在以往发展中存在的问题，抓住机遇，大力推进国际合作，成功地与赛峰、欧直、空客等国际知名公司签署了6吨直升机、某型航空发动机以及空客工程中心合作的正式合同，与空客签署了由哈飞和空客合资建立复合材料制造中心的框架合同，并在保证国家核心利益基础上，在自主知识产权的获得以及共同研制、共闯国际市场等方面取得成果，加快了对外开放合作步伐，也加快了中国航空工业第二集团公司发展速度，为航空工业国际合作开拓了较好的路径。

2008年3月，张洪飚担任十一届全国人大环境与资源保护委员会委员一职，2008年10月中国一航和中航二集团成功整合，张洪飚担任中国航空工业集团公司科技委主任。

后　　记

《中国航空工业人物传》是中国航空工业史丛书的重要组成部分，这些书真实地记录了中国航空工业创建以来航空人各方面的突出代表，他们是"航空报国"精神的创造者和传承者。

《中国航空工业人物传》分为《领导篇》、《专家篇》和《英模篇》，每篇还有分册。它们将分别刊载航空工业的创建者、领军人物、专家学者、科研人员和技能人才的主要事迹。编纂本书的意愿是想通过这些人物的事迹，让后来者知道今天的成就来之不易，了解我们今后的任务将更繁重、更具有挑战性和吸引力，从而通过我们的双手、用我们的智慧，将航空报国精神发扬光大，真正达到强军富民的目的。

《中国航空工业人物传》策划王荣阳，统筹李雨农，编纂邓莉华、廉洁。在编纂过程中，我们得到了方方面面的支持，特别是入选《中国航空工业人物传》人物所在单位，或是入选人物曾经工作过的单位，都给予了极大的帮助。他们或者找当事人回忆，或者找档案资料，或者找有关人物家属子女了解情况，他们的工作同样辛苦而卓有成效。在编纂时，我们也查阅了《中国航空工业四十年》、《当代中国的航空工业》、《航空工业人物》、《航空人物志》、《航空工业史料》、《航空春秋》、《中国航空史》、《中国飞机》和《中国航空工业院士丛书》等著作，还调阅了大量企事业单位撰写的厂史、所史，有关单位的党委宣传部、办公室、档案馆（室）、离退休办等部门的同志们也做了大量的工作。在这里我们一并表示感谢！

《中国航空工业人物传》将陆续出版，由于我们工作水平有限，可能挂一漏万，也可能出现一些错误，恳请当事人和广大读者及时指出，以便我们在今后的编纂中加以改正。

中国航空工业史编修办公室
2011 年 4 月